Bien décider en moins d'une heure

Éditions d'Organisation
Groupe Eyrolles
61, bd Saint-Germain
75240 Paris Cedex 05

www.editions-organisation.com
www.editions-eyrolles.com

Frédéric BONNETON

Bien décider
en moins d'une heure

EYROLLES
Éditions d'Organisation

Sommaire

Remerciements IX

Préambule méthodologique XI

Situation 1 – Manager des experts plus âgés 1
Management intergénérationnel
Manager la diversité
Savoir se faire accepter
Danger des généralisations
Équation de la performance (P = C + M)
Livrer son état émotionnel

Situation 2 – Tenir les engagements de la hiérarchie 9
Les effets de contagion
L'influence des absents
La mémoire collective
Les théories de l'engagement
Management autocratique et création de normes

Situation 3 – Mon boss ne délègue pas 15
L'importance d'une rhétorique soignée
Les situations de pur rapport de force
Autonomie et contrôle
La délégation
Explication/justification

Situation 4 – Un de mes salariés est critiqué par un autre manager 23
Manager en mode projet
Les choix idiots
Fidélité à un groupe d'appartenance
Les rapports de force sans lien hiérarchique
Savoir parler avec candeur

Situation 5 – Un salarié se dit en surmenage... 31
Absentéisme, fatigue et démotivation
Interactions vie privée/vie professionnelle
Les effets de la «réunionite»
Mesurer l'implication
La force de la motivation

Situation 6 – Faut-il aménager le temps de travail d'un collaborateur
à la suite d'un changement dans sa vie privée?... 37
Gérer la peur
Interactions vie privée/vie professionnelle

Situation 7 – Se retrouver malgré soi en situation de médiateur........... 43
Gérer les interactions avec un manager colérique
Se retrouver en situation de médiateur
La notion de reconnaissance
Les relations infantilisantes
L'«effet d'étiquette»

Situation 8 – Les réunions non préparées, un signe
de non-professionnalisme 51
Préparer et gérer une réunion, un point de performance essentiel
Les choix idiots
Risque de contagion, risque de rejet
Savoir ne pas se faire influencer sans vexer l'autre

Situation 9 – Changer les habitudes... 57
Implémenter un nouvel outil de travail
Savoir accepter le changement
Se faire court-circuiter par son responsable
Être «entre le marteau et l'enclume»
La technique de l'édredon
Les distorsions de réalités
La technique du contre-exemple

Situation 10 – Management à poigne ou management consensuel?.. 65
Modes de management
Persuasion et conviction : les deux moteurs du management positif
Ne pas essayer d'imiter l'autre sur des qualités dont on ne dispose pas
Sortir de la «normalité»

Situation 11 — Peut-on refuser une promotion? 71
Le désengagement professionnel
La projection de pensée
La préparation au changement
Le syndrome de l'imposteur
Sentiment personnel et relation professionnelle

Situation 12 – Peut-on inviter un(e) collègue à dîner sans ambiguïté? 77
Régler un problème par avance, hors contexte, et déclencher une situation
La frontière évolutive entre le professionnel et le privé
L'analogie contre la norme

Situation 13 – Tutoiement ou vouvoiement, distance ou familiarité?.. 83
Exprimer ses sentiments comme des vérités
Proximité, respect et familiarité
Le contre-exemple et la norme

Situation 14 – Une grossesse est-elle un non-événement?..................... 89
Interactions vie privée/vie professionnelle
Expliciter les questions que l'on pose pour éviter les malentendus
Savoir recevoir les nouvelles importantes pour les autres

**Situation 15 – Avoir sa porte ouverte n'est pas synonyme
de disponibilité!**... 95
Le déni
L'impact des consultants externes
L'auto-évaluation
Dire des vérités de manière assertive

**Situation 16 – Devenir copain avec des clients :
bonne ou mauvaise pratique?** 101
Les relations de pouvoir
Aller contre la culture dominante
La forme et le fond

Situation 17 – Je protège trop mes équipes 107
Management paternaliste et infantilisation
Le besoin de reconnaissance
Les limites de l'injonction comportementale

Situation 18 – Faire face au manque d'adhésion de ses équipes............ 113
  Les symptômes de désengagement d'une équipe
  Gérer les réunions difficiles
  Rattraper une mauvaise réaction
  Prendre du recul par rapport au refus
  Accepter les différences de point de vue

Situation 19 – Faire appliquer des décisions dont on n'a pas été
partie prenante 119
  Se positionner dans un processus décisionnel
  Faut-il être convaincu pour être convaincant ?

Situation 20 – L'orientation client permet de casser la rigidité
hiérarchique.. 125
  Culture produit/culture client
  Culture de commando et égotisme

Situation 21 – Fixer des objectifs... 131
  Identifier ses alliés et ses ennemis
  Chercher les moyens, pas les alibis
  La crédibilité de la démarche de fixation d'objectifs

Situation 22 – L'entretien d'évaluation.. 137
  L'entretien d'évaluation, au cœur de la fonction managériale
  Parler le premier ou laisser l'autre s'exprimer
  Se faire le porte-parole des autres pour se donner du poids
  La force de l'anecdote par rapport aux statistiques

Situation 23 – La négociation salariale.. 143
  Interactions vie privée/vie professionnelle
  Les outils de rémunération fixe et variable
  Les véritables facteurs de stress
  La qualité des feed-back

Situation 24 – Présenter un projet d'entreprise 151
  Avoir des valeurs en phase avec la réalité du management
  Le risque des effets de balancier
  Coefficient d'élaboration et coefficient d'exécution
  Faire s'engager

Conclusion.. 157

Remerciements

Un livre de management est toujours un agrégat d'expériences partagées et mises en perspectives pour donner du sens. Aussi, je tiens à remercier les clients du groupe MCR Consultants pour leurs expériences qui ont nourri ce livre ; René Robert, associé gérant de notre filiale de coaching, pour ses apports méthodologiques ; tous les consultants du groupe pour leurs idées et leur soutien et tout particulièrement mon associé Thierry Magin pour sa patience et Agnès Michelot pour ses relectures avisées. Je tenais aussi à faire un petit clin d'œil à Marianne Zuzula pour son regard décisif dans la formalisation définitive de l'ouvrage.

Enfin, un coup de chapeau tout particulier à Vincent Beaufils pour sa magnifique contribution à la réussite du magazine *Challenges* et pour la confiance qu'il m'accorde depuis maintenant plus de six ans.

À Ophélie, Thomas, Daphné, Hortense et Anne, qu'ils grandissent en comprenant que la vie est un enchaînement de situations qu'il ne faut jamais prendre au premier degré.

Préambule méthodologique

Qu'est-ce qu'une situation critique?

Une situation critique est une rencontre en tête-à-tête ou en groupe sur un sujet qui nécessite des décisions rapides, des prises de positions immédiates dans un contexte de rapport de force.

L'ambition de ce livre est de vous fournir la méthode qui, alliée à votre «bon sens», vous permettra de régler en moins de 60 minutes des situations susceptibles de vous «pourrir» la vie pendant des mois – voire des années –, des situations qui vous «minent», qui sont coûteuses pour vous, votre entourage et bien sûr votre entreprise.

Une étude récente de la Banque mondiale montre que l'économie française est immatérielle à 86 %. Le principal actif immatériel est le capital humain, qui constitue donc plus de 80 % de la valeur d'une entreprise. Sa performance se mesure à travers différents indicateurs comme le niveau de motivation, d'engagement, de créativité, de réactivité et de proactivité des individus et des équipes qui composent l'entreprise.

L'ensemble des salariés est évidemment garant de cette performance, et tout particulièrement les managers, de la direction générale aux responsables opérationnels. Dans leurs relations quotidiennes avec les équipes, ils influent de manière durable sur le niveau de performance de ce capital humain : par leur comportement et surtout par leur capacité à gérer les situations critiques auxquelles ils sont confrontés tous les jours.

La grande différence entre deux entreprises concurrentes se fait souvent au-delà de la définition de leur stratégie : leur capacité à avoir une vision peut en effet se heurter à leur (in)capacité à motiver l'ensemble des équipes sur le déploiement stratégique de leur projet. Or, c'est de leur gestion des «situations de conflit» que dépend cette capacité.

Certaines de ces situations peuvent être bien préparées, argumentées et étayées techniquement, mais ne pas l'être «humainement». Or, même si le «comment faire» est travaillé, le «comment être» vient tout détruire. C'est sur ce point que les situations se dégradent et deviennent vite de véritables cauchemars. *Laisser une situation se terminer sur un échec représente des heures, voire des jours de productivité perdus.*

Pourtant, comme nous allons le voir ensemble, avec un peu de recul et d'expérience, la plupart des situations peuvent être réglées en 60 minutes.

Depuis plus de six années, j'anime la rubrique «Le conseil du coach» du magazine économique *Challenges*. J'y expose des situations de management «vues» par les «deux parties» et je vous garantis que je n'ai jamais manqué de cas concrets, tous différents et tous ancrés dans la réalité : des situations ratées, parce que mal analysées, mal comprises, mal gérées. Les conséquences humaines, et souvent économiques, sont d'une rare violence et s'installent dans la durée : une situation de management mal gérée entraîne souvent du ressentiment, de la démotivation, parfois même du sabotage ou des formes de violence physique entre les protagonistes, voire avec les gens de leur entourage qui ont la gentillesse de les écouter.

Une méthode « universelle »

Beaucoup de méthodologies passionnantes en matière d'amélioration personnelle traitent de la manière de travailler sur ses propres comportements. Éventuellement elles intègrent la compréhension du comportement des autres, parfois elles se concentrent uniquement sur le moment de l'échange, de l'interaction. Au quotidien, la passion de la découverte de ces méthodes fait place à l'oubli rapide : elles ne sont pas applicables sans maîtrise réelle des outils préconisés. Elles perdent de leur efficacité car il leur manque souvent un mode d'emploi facile et une ou deux clés d'analyse pour réellement agir avec efficacité. En effet, si cela ne dépendait que de nos filtres personnels, que de nos propres comportements, tout cela resterait relativement simple à résoudre…

En fait, de manière basique, notre comportement dépend de trois dimensions :

– nos filtres personnels, forgés par notre éducation et nos expériences, permettent une interprétation personnelle des événements;

– nos interactions avec les autres et avec notre environnement qui, pour un même événement, entraînent de notre part des réactions différentes selon les interlocuteurs;

– les normes de notre environnement : l'entreprise, la famille, la ville, etc. Le respect de ces règles de comportement non écrites conditionne l'appartenance à un groupe.

Les filtres personnels

«Les deux tiers de ce que nous voyons
se trouvent derrière nos yeux.» (Proverbe chinois)

Dans n'importe quelle situation, le comportement que nous allons «décider» d'adopter dépend de notre perception des éléments extérieurs. Cette perception dépend d'un *filtre déformant et propre à chaque individu*. Ce filtre, tissé par notre éducation et nos expériences passées, nos réussites et nos échecs, est constitué de toutes nos croyances et nous aide à donner du sens aux événements extérieurs.

Ce filtre est censé nous faire adopter des comportements de succès. Cependant, notre environnement étant changeant, certains de nos filtres ne sont plus adaptés et nous entraînent dans des comportements nuisibles. Nous allons à l'échec, comme ce chef comptable pour qui le pouvoir passait par la maîtrise et la rétention d'information. Cela lui a permis de survivre pendant dix ans, jusqu'au changement de directeur général...

Ainsi, chacun analyse la situation à travers ses filtres de perception personnels, ses verres de lunettes roses, verts ou bleus... : or, managers et membres de l'équipe ne portent quasiment jamais les mêmes lunettes et ne regardent pas du même point de vue. Les problématiques de management ne sont en réalité la plupart du temps que des questions d'optique... Et il ne se passe pas une semaine dans une entreprise sans qu'une problématique de verres de lunettes n'apparaisse!

> Récemment, au cours d'un dîner, une amie raconte qu'elle part seule une semaine «au club» les premiers jours de juillet. Voici quelques réactions suscitées par ses propos :
>
> «Tu n'as pas peur de t'ennuyer ou de te faire importuner?», lui demande sa mère avec son filtre de parent protecteur.
>
> «Que fait ton mari pendant ce temps-là?», demande une amie récemment mariée et revenant de sa lune de miel munie du filtre de ceux qui se sont promis de ne jamais se séparer.
>
> «Quelle chance tu as!», lui dit son amie célibataire et obligée de travailler tout en élevant seule ses enfants...

Chacun de nous a déjà participé à de telles discussions et obtenu des réactions diverses à une même situation. Chacun de nous a également constaté que le premier réflexe par rapport à un avis différent est la critique : «Comment peux-tu dire cela?», «Mais non pas du tout!»

Au cours d'une conversation, s'échangent des opinions, des avis, des croyances. Si vous les remarquez, laissez votre bon sens vous aider à trouver le filtre à l'origine de l'opinion ou du comportement. Essayer de comprendre le filtre de l'autre est un très bon moyen d'être en empathie, et donc d'être plus à l'écoute, plus efficace dans la relation.

Les interactions

Si notre comportement dépend de nos filtres, il dépend aussi beaucoup de nos relations avec chaque personne partie prenante dans une situation donnée.

Le regard que nous portons sur l'autre, et l'interprétation du regard qu'il nous porte, nous fait réagir de manière spécifique. Pour s'en convaincre, il est intéressant de noter que nous acceptons avec intérêt les remarques de certaines personnes alors que ces mêmes remarques venant de quelqu'un d'autre nous paraissent insupportables… À l'évidence, il ne s'agit donc pas de notre filtre vis-à-vis de la remarque.

> Ainsi, imaginons qu'un soir, à son domicile, un responsable marketing montre sa dernière campagne à son conjoint pour préparer la présentation à son président le lendemain. Son conjoint lui fait une remarque dans le style : «Cela ressemble un peu à celle de vos concurrents». Et là, notre directeur marketing monte d'un ton en commençant sa phrase par un agressif : «Mais pas du tout, tu n'as rien compris». Le lendemain, il présente sa création à un de ses amis, responsable marketing d'une grande enseigne, qui lui fait la même remarque. «Ah bon, tu trouves vraiment?», lui répond notre agresseur de la veille.

Le véritable enjeu ici est donc bien *l'interaction* entre nous et la personne qui émet la remarque. C'est la nature même de cette interaction qui nous fait réagir positivement ou négativement à cette remarque. Une interaction saine se fonde sur *la confiance, le respect mutuel et l'intérêt partagé*.

> De toute évidence, notre directeur marketing ne respectait pas cet avis «non professionnel» et a été frustré par le manque de confiance de son conjoint qui remettait en question la qualité de son travail. Ce dernier voulait par ailleurs rendre service en essayant d'être objectif et a sans doute été blessé par la réaction vive de son conjoint. La soirée a dû être difficile…

XV

Les entreprises regorgent d'exemples où un salarié est lamentable dans un service et devient performant après avoir été transféré auprès d'un autre manager. C'est pourtant le même salarié, avec ses mêmes filtres, ses mêmes freins et ses mêmes moteurs.

En termes de compréhension du fonctionnement d'un groupe, le jeu des filtres et des interactions est fondamental, et la cartographie des interactions positives ou négatives est une des clés pour comprendre les situations.

> Dans le cadre du dîner précédemment évoqué, cette amie a fait le choix de répondre à celle qui lui proposait une interaction positive, ce qui a créé deux groupes, l'autre étant composé de la mère et de la jeune amoureuse entamant une discussion à deux sur « l'aspect » étonnant de cette semaine de vacances.
>
> Il fallait donc choisir son camp!!!

Les acteurs

Pour analyser convenablement une situation donnée, il importe de prendre en compte chaque acteur, de comprendre quel est son rôle et où il se situe par rapport à la situation. Dans la plupart des situations de conflits, nous pouvons distinguer et isoler les intérêts et les influences de différentes parties prenantes[1] :

- *les protagonistes*, qui sont les personnes en situation de rapport de force direct;

- *l'instigateur*, la personne absente mais souvent à l'origine de la situation;

- *l'arbitre* ou *le témoin* qui pourra prendre position en faveur d'un des protagonistes si nécessaire;

---

1. Pour les passionnés, les interactions sont le domaine privilégié de la psychologie sociale et beaucoup d'ouvrages excellents existent sur le marché (voir notamment G. Myers, *Psychologie sociale pour managers*, Dunod, 2006).

- *le groupe référent*, c'est-à-dire le groupe auquel s'identifie chaque protagoniste, à qui il est loyal ;
- *les collatéraux*, personnes touchées ou influençant de manière indirecte la situation.

> Dans le cas de ce dîner, les protagonistes sont mon amie et sa mère, l'instigateur est le mari, le groupe d'appartenance est la famille, les collatéraux sont les enfants, le couple et les personnes présentes à la soirée.

Les normes

Dans l'entreprise, les règles de fonctionnement sont écrites. Elles sont donc identifiables facilement et la conformité de notre comportement à la règle dépend de notre respect de ce code établi.

Pourtant, le respect de ces mêmes règles peut vous exclure du groupe dans lequel vous évoluez. En effet, la plupart du temps, le comportement des groupes est régi par des règles non écrites : les normes de fonctionnement.

Les normes sont les repères sociaux qui nous permettent d'évaluer et de juger les comportements (les nôtres et ceux des autres). Le groupe reconnaît et accepte les gens qui suivent les mêmes normes qu'eux. Il ne s'agit pas de codes, mais de comportements acceptables ou non.

> L'actualité récente nous a éclairés sur un phénomène de norme, à travers l'affaire des stock-options de Noël Forgeard, alors président d'Airbus industrie. La norme en vigueur était : un président ne revend pas ses actions tant qu'il est en fonction ![1]
>
> En ne respectant pas cette norme, M. Forgeard a créé un mini-séisme médiatique, suivi de la révélation d'une crise de management au sein de l'entreprise.

---

1. Et surtout pas avant un décrochage du titre…

Depuis, la législation a évolué à travers la proposition Balladur de modification du régime des stock-options pour les présidents en fonction, limitant les possibilités de revente des titres. La norme est devenue une règle!

PLUS LOIN

POUR ALLER

Comment se crée une norme dans une entreprise? Dans son livre intitulé *L'ADN du management*, Jacques Éliard, un des fondateurs de la démarche i-Lead™, nous narre cet exemple édifiant : cinq singes sont mis dans une cage. Au milieu de la cage, un tabouret. Accrochée au plafond au-dessus du tabouret, une magnifique banane. Dans un angle, à l'extérieur de la cage, un appariteur avec un jet d'eau glacée. À chaque fois qu'un singe grimpe sur le tabouret, l'appariteur arrose violemment l'ensemble des cinq singes, qui bien sûr n'aiment pas du tout l'eau glacée. Au bout d'un moment, plus aucun singe n'essaie. L'expérience devient intéressante quand on remplace un singe de la cage par un nouveau singe. Après une période d'observation, il grimpe évidemment sur le tabouret pour se délecter de la banane. Et là, nul besoin d'eau glacée. Les quatre autres lui sautent dessus à bras raccourcis et recommenceront jusqu'à ce qu'il abandonne toute velléité de recommencer. Une norme a été créée. L'expérience se poursuit en changeant tous les singes. La banane continue de couler des jours heureux au plafond, alors même qu'aucun des singes dans la cage n'a connu la douche d'eau glacée.

Tout groupe social génère des normes, et nous allons à présent en décoder quelques-unes. Comme vous le verrez, il n'y a pas de moyens d'y échapper!

Un exemple d'influence des normes d'une entreprise

Un dirigeant vient d'être nommé. Six mois après, il nous appelle désespéré : «Faites quelque chose pour moi, sinon je me sépare de 100 % de mon comité de direction dans les trois semaines. Leur force d'inertie frise la volonté de déstabilisation de l'entreprise, évaluez-les individuellement, coachez ceux que l'on peut sauver, etc.» Waouh!

Le diagnostic a été rapide, nous avons constaté que les normes du groupe étaient historiquement les suivantes : «Forts de notre succès dû à notre gestion de père de famille, nous considérons qu'il faut pour réussir prendre son temps et réfléchir avant d'agir plutôt que d'avancer, se tromper et revenir en arrière» [norme n° 1] et «comme le chef ne peut pas avoir tort vis-à-vis des équipes, il ne faut donc pas aller trop vite, ne pas prendre de risques inconsidérés…» [norme n° 2].

Les filtres personnels du manager, et donc les nouvelles normes qu'il souhaite imposer sont légèrement différents : «Dans un environnement fluctuant et hyperconcurrentiel il vaut mieux aller vite, quitte à se tromper, plutôt que de ne rien faire» [filtre n° 1] et «les salariés attendent de nous des prises de décisions et de la proactivité plutôt que de l'inertie et de la réactivité» [filtre n° 2].

Les verres de lunettes du boss et les verres normatifs imposés par l'histoire et la culture de la société sont tellement différents que la performance ne peut pas être au rendez-vous.

On visualise très bien la scène suivante : pendant un comité de direction, le boss s'adresse à un membre du comité et fait de l'injonction comportementale : «Merci de me faire cela le plus vite possible, d'accord?» Le membre en question répond de bonne foi dans l'affirmative, mais dès qu'il s'assoit à son bureau, les normes le rattrapent : «Bon, alors, il ne faut pas faire d'erreur, réfléchissons…» De manière honnête, sans vouloir faire de blocage, il ne rendra rien dans les délais courts imposés par le boss et un coaching individuel sur les filtres de ce pauvre garçon ne servirait évidemment à rien : le problème est ailleurs.

Un exemple de norme collective

Au cours d'un déplacement en voiture à Toulouse, je manque de me faire harponner à une intersection par un chauffard dédaignant la priorité à droite. L'explication de notre consultant toulousain est surprenante : «Oui, à Toulouse l'usage est de laisser passer les voies importantes…» Notez ici que le Parisien arrivant trop sûr de lui à Toulouse a toutes les chances d'avoir un accident, même dans son bon droit! Le poids des normes…

Un exemple de norme familiale

Une jeune femme prépare un rosbif. Avant de le mettre dans le plat de cuisson, elle tranche les deux entames. Sa mère et son mari sont dans la cuisine, et c'est avec un sourire attendri que sa mère regarde le geste incisif. Le mari saisit l'opportunité et lance avec un petit sourire : «Chérie, pourquoi systématiquement mutiler ces pauvres rosbifs de leurs entames», sous-entendu : «Ma mère ne le faisait jamais, et je ne l'ai d'ailleurs jamais vu faire ailleurs.

– Mais enfin chéri, je t'ai déjà dit que c'est comme cela que l'on doit préparer le rosbif, hein Maman?

– Tout à fait ma chérie, je l'ai toujours fait et ta grand-mère aussi. »

Le mari, insatisfait de cette réponse normative : «Et quel est l'avantage de cette méthode?»

Sentant au ton décidé de ce dernier qu'une explication allait devenir nécessaire, elles appellent la grand-mère, et lui demandent la bonne manière de cuire un rosbif :

«En coupant les entames…

– Oui Mamie, mais pourquoi?

Silence, puis après une longue réflexion jusqu'aux tréfonds de sa mémoire, Mamie balbutie :

– En fait, je crois que cela vient de ma grand-mère, je me souviens maintenant que petite, quand j'allais la voir dans sa maison, à la campagne, elle me préparait souvent avec amour un grand rosbif. Mais comme son plat était trop petit, elle coupait les entames pour le faire cuire. »

Ah, le poids des normes… Les familles multiculturelles regorgent évidemment d'anecdotes de ce genre, où la norme culturelle vient se mêler à la norme familiale.

Dans une entreprise, quand la norme égale la règle, les relations entre les membres d'une équipe deviennent simples : pas de non-dit, moins d'iniquités, un management homogène qui devient simple et donc efficace.

À l'heure où l'individualisme rend chacun de nous responsable de ses actions, il peut sembler capital de rappeler l'importance des interactions et des normes dans nos décisions de comportement. Dans les faits, ces deux phénomènes (interaction au sein du groupe et prise en compte des normes) sont souvent négligés au profit d'une approche de coaching individuel, par essence vouée à l'échec si elle n'intègre pas les deux derniers éclairages.

Au fait, quelles sont les normes de votre entreprise, dans votre famille, dans vos cercles d'amis ?

Les quatre étapes d'une situation critique bien gérée

1. *5 minutes pour analyser* la situation, ce qui signifie isoler les faits des opinions et évaluer le(s) risque(s) ;

2. *5 minutes pour comprendre* les comportements (les nôtres et ceux des autres) à travers la grille d'analyse F.I.N (Filtre. Interaction. Norme)[1]. Cette méthode inspirée de la démarche i-Lead™ est simple et applicable à chacune des situations de votre vie. Elle doit être très vite devenir un réflexe dans votre manière de penser.

3. *5 minutes pour décider* de son attitude, de son comportement : quand les enjeux sont mesurés et les réactions de tous

---

1. En dehors du bon sens et de la réflexion, les différentes théories connues (PNL, analyse transactionnelle, etc.) pourront vous permettre d'aller plus vite.

comprises, il faut savoir décider de son propre comportement, qui influencera durablement la relation aux autres : sortie de conflit ou enracinement des problèmes.

4. *45 minutes pour agir*, pour éviter les effets de traîne évoqués précédemment et construire de manière positive sur la durée.

Grille d'analyse F.I.N. (Filtre. Interaction. Norme)
Identifier les filtres en jeu. *Les filtres sont personnels, forgés par notre éducation et nos expériences, ils permettent une interprétation personnelle des événements.*
Identifier les acteurs impliqués dans la situation, présents ou absents, et les interactions en jeu entre eux. *Les interactions sont des phénomènes qui, pour un même événement, entraînent de notre part des réactions différentes selon notre interlocuteur.*
Identifier les normes de l'environnement qui influencent la situation. *Les normes sont des règles de comportement non écrites dont le respect permet l'appartenance à un groupe.*

C'est à travers cette grille de lecture des relations humaines dans l'entreprise que nous allons vous présenter 24 situations de challenge managérial dans l'entreprise. Les gérer au mieux vous assurera un avenir serein et des nuits calmes.

Nous vous les présenterons à travers le parcours professionnel de Pierre, qui vient d'être recruté en tant que manager commercial régional au sein d'une entreprise de conception, fabrication et diffusion de cannes.

Le choix narratif des dialogues permet la mise en situation d'échanges ou de conflit tels que ceux que nous vivons chaque jour, sans pour autant en mesurer les conséquences dans la durée (rancœur, démotivation, vengeance, démission, etc.).

Notons enfin que l'ambition de ce livre n'est pas de promouvoir l'usage des lunettes roses pour tous et en permanence, mais de vous sensibiliser à une méthode en quatre points à utiliser de manière systématique en situation critique.

Situation 1
Manager des experts plus âgés

Management intergénérationnel
Manager la diversité
Savoir se faire accepter
Danger des généralisations
Équation de la performance (P = C + M)
Livrer son état émotionnel

La situation

Pierre est un jeune manager commercial qui arrive pour sa première réunion d'équipe. Il sait que cette équipe se compose de salariés expérimentés et d'un certain âge. Il sait aussi que certains d'entre eux ont déjà vu passer plus d'un responsable régional. Il sait surtout que sa région est en retard en termes de chiffre d'affaires. Sans savoir réellement pourquoi son équipe est en retard, il pense que sa nomination est liée à la nécessité de «passer à la vitesse supérieure».

Les acteurs

- Pierre : protagoniste
- Les seniors : protagonistes
- Direction générale : instigateur
- Claire : témoin

Appliquer la méthode F.I.N.

Analyser le risque

Le risque pour Pierre se situe à plusieurs niveaux. D'une part, «on n'a jamais de deuxième chance de faire une bonne première impression», dit le dicton. Mal passer lors de la première réunion, c'est comme planter un clou de travers lors des deux premiers centimètres : redresser la situation est très difficile. D'autre part, dans l'état d'esprit qui est le sien, avec une situation de tension due à la représentation publique qui génère du stress, il est fort probable que Pierre se mette à dos les commerciaux en mettant en avant les insuffisances de résultat sans en connaître réellement les raisons.

> Pierre, se préparant mentalement : «Il va falloir que je m'impose en tant que nouveau jeune manager. J'ai hérité d'une équipe de vieux briscards qui pensent tout savoir et s'accrochent à leurs habitudes et leurs territoires. Il va falloir les secouer d'emblée, en imposer, leur montrer qui est le chef en quelque sorte. Si je montre des doutes ou des hésitations, je suis cuit.»
>
> Pendant ce temps-là, deux membres de l'équipe discutent à la machine à café... «As-tu aperçu notre nouveau "chef"? (Sourire.)
>
> – Encore un jeune, je dirai 30/35 ans, sûrement son premier poste de responsable.
>
> – Tu crois qu'il a encore en tête sa dernière formation de management? On va sûrement avoir droit au discours sur

l'organisation efficace, l'autonomie, la créativité les "on est là pour gagner, je suis là pour vous faire réussir, mais on fera les choses à ma façon." (Rires.)

– S'il est trop virulent, notre fameuse "inertie nocive", comme nous le rappelle notre directeur général, sera certainement aussi efficace que pour les deux précédents...» (Re-rires.)

Nous sommes à 10 minutes de cette première réunion, et nous sentons bien que la situation est déjà perdue pour Pierre. Il va envoyer un signal attendu de situation de conflit à son équipe, qui voit en lui au mieux un empêcheur de tourner en rond, au pire, un incompétent potentiel. À ce stade il est sûr de perdre.

Claire, commerciale de l'équipe de Pierre : «Bonjour Pierre, bienvenue chez nous, j'espère que vous aurez plus de chance que les deux précédents responsables régionaux...

– Comment cela ?

– Ils ont pris l'équipe de front, la direction a eu peur de la rébellion, elle a vite tranché...»

Comprendre

Les filtres

- **Les commerciaux** arrivent avec beaucoup d'a priori qui ne demandent qu'une petite confirmation. Comme eux, nous sommes tous victimes de phénomènes de généralisation. Une série d'expériences plus ou moins courte suffit à générer des phénomènes du type «les voitures de tel constructeur sont peu fiables». Dans ce cas précis, il a suffi de deux directeurs commerciaux pressés pour que les commerciaux généralisent sur «les jeunes aux dents longues».

- **Pierre** : son complexe du jeune qui doit s'imposer provient certainement d'une histoire de généralisation plus ancrée dans le fonctionnement traditionnel des entreprises : le chef est souvent plus âgé… Lui-même estime que si les commerciaux ne sont pas devenus chefs à 45 ans, c'est qu'ils n'en sont pas capables, donc ils n'ont rien à revendiquer !

Il faut faire attention aux généralisations dans le cadre de contextes nouveaux, de relations nouvelles, etc. Mettre les gens «dans des cases» peut contraindre les relations et créer des distorsions fortes dans la communication.

Parallèlement, Claire donne des indications à Pierre qui les interprète à travers ses filtres personnels : «La direction ne soutient donc pas ses managers, attention, j'ai déjà connu cela dans d'autres vies.»

• **Claire** ne se reconnaît pas dans cette équipe de seniors qui ne lui a pas facilité la tâche quand elle est arrivée. Pour elle, il est hors de question que son nouveau boss l'associe à l'état d'esprit ambiant. C'est pour cela qu'elle l'alerte de manière abrupte.

Les interactions

La présence d'une middle aged comme Claire, qui ne rentre pas dans la catégorie senior, mais appartient au groupe, est une chance pour Pierre d'influencer positivement le groupe de l'intérieur.

Parallèlement, la direction générale propulse Pierre dans une fosse aux lions. Cela traduit une relation distante entre la direction générale et ses commerciaux. Celle-ci ne vient pas à la «rencontre» de ses équipes, ce qui peut démontrer une forme de peur.

Dans le cadre de ce type d'interaction, il est fort possible que Pierre puisse à un moment ou à un autre jouer un rôle de fusible. En contrepartie, il risque de jouir d'une excellente autonomie, tant qu'aucun problème ne remonte.

PLUS LOIN

POUR ALLER

Performance et intergénérationalité : de nouvelles interactions dans les relations managers/salariés se développent à vitesse grand V : les managers sont promus de plus en plus jeunes et doivent gérer des seniors qui vont rester de plus en plus longtemps dans des métiers changeants et évolutifs.

Partons du principe accepté que la performance d'un individu dépend de deux variables : sa compétence et sa motivation ($P = C + M$). Face à un senior compétent et autonome, sûr de sa compétence, le mode de management directif souvent repris par les jeunes promus n'est pas adapté : le conflit est immédiat, la démotivation rapide. Une faute du jeune manager, tout aussi classique mais moins décryptée, consiste à accorder sa confiance au senior pour sa compétence, ce qui donne lieu à un management trop délégatif : l'axe motivation n'est pas assez pris en compte, et, ne se sentant «pas du tout managé», le senior avec ses attentes spécifiques se démobilise vite.

Ici la clé de la réussite est d'accorder sa confiance sur la compétence tout en adaptant un coaching managérial individuel sur les besoins spécifiques du senior.

Les normes

La norme de cette entreprise est : «Tout nouveau, tout beau. Le dernier à nous rejoindre va tout révolutionner, ceux qui sont là depuis longtemps ne valent pas grand-chose.»

Cette norme d'entreprise, liée à un management à la pression grâce à un rythme régulier de recrutements extérieurs, a été développée dans beaucoup de structures. Elle génère une forte démotivation des équipes fidèles et des turnover importants sur les deux ou trois ans d'ancienneté, quand la période de nouveauté encensée est passée.

Parallèlement, cela rend l'intégration des nouveaux difficile, car cette norme pousse les anciens à deux attitudes : tentative de récupération des nouveaux dans le «clan des blasés» contre le

5

«clan de la direction générale» et, en cas d'échec, pose de bâtons dans les roues pour démontrer que les nouveaux ne valent pas mieux que les anciens.

Heureusement, avec le taux de renouvellement négatif des cadres dans les pays de l'OCDE, les équipes en place vont commencer à être «chouchoutées» et ce type de norme devrait tendre à disparaître.

Décider

Pierre a compris que le rapport de force ne jouera pas en sa faveur. Les enjeux humains en termes de démotivation d'une équipe entière sont trop importants pour qu'il se permette de prendre l'équipe de front. Il veut en savoir plus pour adopter la bonne attitude.

> Pierre : «Merci pour cette franchise Claire... ce sont des rebelles?
>
> – Non, mais comme tous les commerciaux experts, il faut savoir les reconnaître sans vouloir leur donner de leçon, du moins dans un premier temps... (Sourire.)
>
> – (Sympathique, cette Claire, elle a l'air de vouloir m'aider, allons jusqu'au bout.) Claire, je te remercie pour cette information qui est vitale pour moi, tu as tout à fait raison sur le respect nécessaire dans le cadre d'une nouvelle relation, j'espère simplement qu'ils ne m'attendent pas avec un lance-flammes... Toi qui les connais, qu'en penses-tu, crois-tu qu'il soit possible de créer une ambiance favorable à l'échange?»

Bien joué! Pierre vient d'utiliser une méthode de manipulation efficace : il a collé une étiquette de bon Samaritain à Claire qui peut se sentir obligée d'être digne de cette image et de continuer dans son comportement de «sauveur». De fait, quand il lui demande indirectement de l'aider, elle peut difficilement refuser...

Agir

Pierre : «Bon, je vais me préparer... Présentation de mon parcours et volonté de comprendre leur entreprise et leurs attentes à travers une série d'entretiens individuels, me présenter comme un facilitateur plus que comme un problème potentiel.»

PLUS LOIN

POUR ALLER

Savoir livrer son état émotionnel : dans son livre *Les secrets d'une communication réussie*, le célèbre animateur de télévision américain Larry King fait un témoignage passionnant. Il nous révèle que dans toutes les situations difficiles qu'il a connues, il a toujours commencé par exprimer son état émotionnel, même et surtout dans le cadre de ses émissions. Il estime que cela lui permet de «se débarrasser de cet état, de créer une communauté de confiance avec son public ou son interlocuteur interviewé.»

Pendant la réunion, Pierre est brillant, car sûr de lui sans être péremptoire, et le sourire de Claire le rassure.

Après cette première réunion et avant les entretiens individuels, Pierre va essayer d'obtenir l'adhésion de la direction générale pour éviter les brèches possibles entre son attitude et le désaveu potentiel de sa hiérarchie.

Voila, la première réunion est sauvée, Pierre va jouer «low profile» et les commerciaux seront à l'écoute avec un peu moins d'a priori, grâce à l'intervention de Claire.

POINTS CLÉS

L'intergénérationalité est un sous-chapitre de la diversité, et représente à ce titre une source inépuisable de situations critiques. Quand, dans le monde de l'entreprise, «le plus jeune dirige le plus âgé», il y a par essence une situation de conflit. Il faut dans ce cas créer très vite les conditions d'une relation entre adultes, où chacun apprécie l'autre pour ses qualités souvent complémentaires : l'expérience *vs* l'énergie, la créativité *vs* la connaissance de l'histoire de l'entreprise, la sagesse *vs* l'enthousiasme, l'envie *vs* la maîtrise, le diplôme *vs* le savoir-faire, etc. et où les sujets de conversations portent plus sur les faits que sur les opinions.

La position humble : personne n'est à l'aise d'entrée de jeu, reconnaître sa crainte devant une difficulté nouvelle permet d'éviter d'être péremptoire ou donneur de leçon.

Situation 2
Tenir
les engagements
de la hiérarchie

Les effets de contagion
L'influence des absents
La mémoire collective
Les théories de l'engagement
Management autocratique et création de normes

La situation

Dès la fin de sa première réunion, Isabelle, un membre de son équipe, interpelle Pierre, directeur régional, sur un sujet sensible pour lequel il n'a pas de réponse. Il se sent cependant agressé par ce qu'il estime être une remise en cause infondée de son honnêteté.

Isabelle (lunettes grises de suspicion) : «Bonjour monsieur, je me permets de venir vous voir car votre prédécesseur s'était engagé à me verser une prime de 5 000 euros ce mois-ci en contrepartie des efforts que j'avais entrepris sur la définition de la nouvelle plaquette. J'espère que ce "détail" n'a pas été oublié.

– Pierre (lunettes noires de suspicion, doublées de la peur de devoir gérer un problème naissant avec un potentiel de démultiplication aux autres collaborateurs) : bien sûr, il n'y a pas de raison de s'inquiéter, je suppose qu'il y a une trace de cette promesse dans un dossier quelconque, un mémo ou un mail. »

Les acteurs

– Pierre : protagoniste
– Isabelle : protagoniste
– Ancien manager : instigateur
– Direction générale : arbitre
– Équipe commerciale : groupe référent

Appliquer la méthode F.I.N.

Analyser le risque

Voila une situation explosive et dont dépend pour beaucoup l'avenir de Pierre. En effet, dans une entreprise, l'engagement non respecté est un traumatisme qui perdure longtemps, aussi bien dans les mémoires individuelles que dans la mémoire collective. Par ailleurs, pour n'importe quel salarié, l'engagement d'un manager équivaut à l'engagement de l'entreprise : le non-respect est donc décrédibilisant pour l'ensemble de la chaîne de commandement.

Enfin, c'est peut-être pour Pierre l'opportunité de se positionner en manager écouté par la direction générale s'il obtient la prime pour Isabelle… ou non.

Isabelle : « Mes craintes sont justement que cet engagement n'était qu'oral. J'ai fait confiance, je me suis engagée sans compter dans ce projet. J'espère que je n'ai pas eu tort, peut-être pouvez-vous contacter l'ancien manager, même s'il est parti en de très mauvais termes...»

Aucun fait n'est établi, la situation n'a pas de fondements indiscutables, tout est dans la confiance, la subjectivité.

On voit bien ici que la suspicion est partagée, et que le dialogue est mal engagé. La peur qui règne des deux côtés risque de crisper la situation :

– rejet du problème par Pierre qui aura beau jeu de faire porter la responsabilité à l'ancien manager incompétent ou à la direction générale «bornée»;

– risque de démotivation et de frustration durable d'Isabelle avec des effets de contagion sur le reste de l'équipe.

Comprendre

Les filtres

- **Isabelle** était très liée à l'ancien manager : son filtre est très influencé par cela. Le fait que l'entreprise l'ait renvoyé fait peser un doute sur l'honnêteté globale de la structure. Pierre, son remplaçant, apparaît comme un usurpateur, ce qui explique le ton «agressif» et sur la défensive d'Isabelle.

- **Pierre** ressent cette agression : dans les premières secondes, il perçoit cette demande comme une véritable remise en cause de sa probité. Dans un second temps, il parvient à se mettre à la place d'Isabelle : «Il n'est pas plaisant de se voir flouer.» Parallèlement, il a trop vu d'abus, trop de salariés peu scrupuleux profiter des failles du système, pour répondre de manière naturelle et positive à cette demande brutale.

Les interactions

Isabelle a eu une relation de confiance avec le manager précédent pour s'engager sans écrit formel. Sa confiance dans l'entreprise doit être d'autant plus affectée par le licenciement du manager que sa relation interpersonnelle était forte. Dans ce contexte, une réflexion s'impose…

Se contenter de verser cette prime expose Pierre à plusieurs risques :

- conforter le sentiment de reconnaissance d'Isabelle envers le précédent manager (celui qui avait pris l'engagement, pas celui qui donne la prime) ;
- se dévaloriser s'il ne peut pas octroyer les primes ou augmentations demandées (syndrome du «c'était mieux avant»).

En revanche, ne pas donner la prime :

- permettrait de décrédibiliser le manager précédent et laisserait toute latitude à Pierre de passer pour le «bon Samaritain» en fin d'année ;
- génèrerait un risque de perte de confiance dans la hiérarchie, une possible démotivation durable d'Isabelle.

La solution ici semble donc de donner la prime en communiquant sur le rôle de Pierre et le risque de voir les RH contrôler le budget de rétribution global sur l'année (c'est-à-dire pas d'augmentation ou de prime de fin d'année, sauf résultats exceptionnels).

Les normes

La norme de l'entreprise est : «Négocie pour toi, seuls ceux qui réclament obtiennent. Si tu es discret et que tu te contentes de faire ton boulot, tu n'auras jamais d'augmentation.» Isabelle est donc opportuniste.

Pierre, dans sa réflexion sur le sujet, va regarder les niveaux de rétribution et ne pourra pas comprendre les écarts de traitement sans avoir décodé cette norme de l'entreprise – ou de son service.

Paradoxalement c'est plutôt face à un management trop autocratique que ce type de normes apparaît. Les enjeux s'expriment en termes de pouvoir, de celui qui crie le plus fort. Face à un management trop faible, la paix sociale est achetée en saupoudrant les primes et les augmentations, en nivelant par le bas.

Dans ce cadre, il faudra éviter les iniquités de traitement et vérifier qu'Isabelle a bien assumé un surcroît de travail au cours de cette période.

Décider

> Pierre : «Isabelle, soyez persuadée que je pense que les engagements pris doivent être respectés. Je vais regarder ce que je peux faire... sans engagement de réussite de ma part (sourire complice et entendu).»

Encore bien joué, Pierre utilise une accroche émotionnelle avec l'utilisation du prénom et crée ainsi une impression de proximité propre à la relation de confiance, ce qui donne à Isabelle le sentiment qu'il prend en compte sa problématique. Par ailleurs, il prend position *sans s'engager* en exprimant son avis général sans le relier à la situation de tension potentielle.

PLUS LOIN

POUR ALLER

Théories de l'engagement : un engagement est un acte fort, psychologiquement parlant. Beaucoup de techniques de « manipulation » sont fondées sur ce principe. Une personne qui, sans contrainte, s'engage moralement à faire quelque chose fera son possible pour respecter cet engagement.

Joule et Beauvois décrivent dans leur *Petit traité de manipulation à l'usage des honnêtes gens* [1] un panel assez large des méthodes basées sur cette théorie de l'engagement, dont notamment le célèbre « pied dans la porte ». Les expériences menées sur cette théorie ont démontré que vous multipliez par plus de quatre vos chances d'obtenir un don de la part d'une personne qui, une semaine auparavant s'est engagée à porter un pin's de votre cause… À méditer.

---

1. R.-V. Joule, J.-L. Beauvois, *Petit traité de manipulation à l'usage des honnêtes gens*, Presses Universitaires de Grenoble, 2004.

Agir

L'avenir donnera raison à Isabelle : la prime lui était due. Pierre a fait valoir son bon droit et Isabelle est devenue une alliée importante pour Pierre. Le premier réflexe de crispation aurait pu tout gâcher.

POINTS CLÉS

Savoir ne pas prendre de nouveaux engagements : d'une manière générale, prenez uniquement des engagements qui dépendent de vous. On voit trop souvent des managers, commerciaux ou employés déstabilisés face à un client ou un fournisseur parce que la direction générale ne suit pas leur recommandation, alors qu'ils se sont engagés à titre personnel !

Il est toujours tentant de prendre des engagements pour conclure une discussion ou une vente : «Je m'engage à vous rendre le rapport dans trois jours, à vous livrer sous 24 heures…» Comme c'est une grosse commande, un rapport important pour l'entreprise, le collaborateur qui s'est engagé pense inconsciemment que la structure va suivre («S'ils refusent, j'aurai beau jeu de les accuser de mon manque de performance, et qui plus est, de bonne foi…»). Dans ces conditions, même si l'entreprise doit se sentir responsable des engagements de ses salariés, dans beaucoup de cas elle ne le fait pas, et va parfois à juste titre jusqu'à les traiter d'inconscients, voire d'incompétents.

Ne prenez pas d'engagements pour les autres, c'est une règle de base… En revanche, faites prendre aux autres des engagements, la situation est plus confortable !

Situation 3
Mon boss
ne délègue pas

L'importance d'une rhétorique soignée
Les situations de pur rapport de force
Autonomie et contrôle
La délégation
Explication/justification

La situation

Pierre, notre nouveau directeur régional, a commencé à appeler tous les gros clients de sa région. Certains sont suivis historiquement par son boss qui apparemment n'a pas l'intention d'abandonner ses prérogatives. Il interpelle Pierre au détour d'un couloir.

David, boss de Pierre et directeur commercial (lunettes rouges du chef devant qui les salariés tremblent) : «Pierre, j'ai appris que vous aviez contacté la société Démarcheur Zassis. C'est un client clé pour l'entreprise et je le suis personnellement. Vous pourrez d'ailleurs constater dans la base de données qu'ils ne vous sont pas affectés. Faites plus attention à l'avenir, mon vieux.

– Pierre (lunettes d'enfant rebelle qui ne supporte pas l'autorité) : Désolé pour la bévue David, je croyais qu'ils étaient localisés géographiquement dans ma région. Je vérifierai de nouveau.»

Les acteurs

– Pierre : protagoniste

– David : protagoniste

– Client : instigateur

– Direction générale : arbitre

Appliquer la méthode F.I.N.

Analyser le risque

Nous assistons ici à une situation de pur rapport de force. Pierre doit marquer son territoire et David veut protéger le sien.

Attention! Pierre est surpris, se sent agressé, et donc réagit en jouant au plus malin. S'il avait bien écouté David, il aurait compris qu'il ne s'agissait pas d'un problème géographique. Faire semblant de ne pas comprendre est une arme à double tranchant avec un supérieur hiérarchique. Le «faites plus attention mon vieux» était vexant, mais il voulait bien marquer la différence de niveau.

Nous n'assistons pas ici à une discussion entre adultes responsables, mais à une admonestation entre un «parent normatif» qui se présente comme le garant des règles et des normes, et un «enfant rebelle» qui se révolte contre un sentiment d'injustice…

D'un point de vue professionnel, rien de constructif ne peut sortir de ce type de relation. Pire, ce schéma risque de se reproduire, voire de devenir leur mode d'échanges privilégié et systématique dans le futur, ce qui rendrait la situation particulièrement insupportable pour Pierre.

David : «Je ne vous demande pas de vérifier ce que je vous dis, Pierre. De plus il ne s'agit pas d'une problématique de territoire mais d'un client stratégique que personne ne veut laisser partir à la concurrence.

– Bien sûr David, je suis d'accord, et soyez rassuré, ce n'était pas mon intention de les laisser partir à la concurrence. Bien au contraire, le développement des clients existants est certainement un de mes savoir-faire majeurs.»

Admirons la capacité rhétorique de Pierre : d'abord il ne contredit pas David mais l'accompagne («Bien sûr David, je suis d'accord»). En cela il fait tomber un pan de l'agressivité de David. Il enchaîne par un «et» (et non pas un «mais» qui serait la négation de la phrase précédente) pour aller sur un terme positif «soyez rassuré» au lieu du traditionnel «ne vous inquiétez pas» toujours déclencheur de stress chez votre interlocuteur. Considérons que c'est un bon début, malheureusement marqué par une légère «impertinence», puisqu'il se vante. Nous pourrions qualifier cela d'erreur de débutant ou d'un manque de maturité.

Comprendre

Les filtres

- **David**, boss de Pierre, pense que la relation interpersonnelle qu'il entretient avec ses clients le rend indispensable. Par ailleurs, il estime que ce chiffre d'affaires qu'il supervise lui-même lui donne du poids dans l'entreprise. Enfin, pour lui, la réussite se mesure essentiellement en chiffres.

- Le filtre de **Pierre** est plutôt de mesurer sa réussite à la fidélisation des équipes, à leur niveau de motivation, à l'évolution de leurs compétences, etc. En fait, Pierre est «*people minded*», ce qui a priori n'est pas le cas de David. Par ailleurs, il ne supporte pas l'autoritarisme et met un point d'honneur à ce que sa hiérarchie pense de lui qu'il est responsable et autonome.

Les interactions

L'affrontement direct ne peut pas tourner en faveur de Pierre qui doit trouver les limites pour savoir jusqu'où il peut aller. Par ailleurs, Pierre sent bien que si David ne le laisse pas faire son travail, il n'obtiendra pas grand-chose en termes de reconnaissance ou d'évolution dans l'entreprise.

Les interactions entre David et la direction générale sont aussi présentes, car David passe pour indispensable en ayant en main les gros donneurs d'ordre de l'entreprise.

Les normes

Les normes en jeu ici sont classiques dans beaucoup d'entreprises : traditionnellement, passer à un poste de management est difficile pour une raison simple : avant de passer manager, vous avez réussi à faire reconnaître votre expertise dans votre métier. C'est un processus long, et cette reconnaissance vous rassure pour votre avenir. Quand vous passez chef, on vous demande d'abandonner cette expertise pour la transmettre à d'autres et dans le même temps d'acquérir une autre expertise dans laquelle vous n'êtes pas encore reconnu : le management. Ceci est fragilisant. Ainsi, beaucoup de managers ont du mal à laisser la place à leurs équipes, à déléguer, etc.

C'est le cas de David. Il faut le rassurer par des actes, par des faits, et c'est surtout à la direction générale d'expliquer à David, ce qu'elle attend de lui. Elle doit lui réexpliquer selon quelles règles il va être évalué.

Aujourd'hui, la norme protège David, mais en cas de changement de direction générale, David pourrait être en danger car il pourrait être considéré comme inapte au management, même s'il fait un gros chiffre d'affaires.

Décider

Tout en parlant, Pierre a détaillé la base de données clients et il vient de se rendre compte que la plupart des gros clients régionaux sont restés aux mains du directeur commercial. Or, dans son contrat de travail et dans la présentation du job que les ressources humaines lui ont vendu, c'est à lui qu'il revient de s'occuper de ces grands comptes.

Il décide de pousser la conversation pour tester les limites des freins de David. Son avenir dépend de cette «mesure».

> Pierre : «Par ailleurs, vous devez certainement avoir énormément de choses à faire et donc peu de temps à consacrer à une tâche qui en demande beaucoup : l'élevage des comptes existants. Ne pensez-vous pas que la proximité géographique aidant, il serait intéressant que je les suive moi-même, comme cela est d'ailleurs expressément convenu dans le *job description* et dans mon contrat de travail ?
>
> – Que voulez-vous prouver ?»

David a manœuvré finement. Devant la menace sous-entendue de Pierre et pour éviter une confrontation, il change de registre et entraîne Pierre sur des terrains minés. Ce changement de paradigme est une des bases d'une bonne rhétorique. Il évite à David de justifier sa position et oblige Pierre à justifier son attitude alors qu'il ne s'y attend pas. Je ne me bats pas sur le terrain de l'adversaire, je préfère l'entraîner sur le mien…

> Pierre : «Je ne veux rien prouver, juste bien faire mon job, celui pour lequel on m'a recruté (tentative d'évitement de justification).
>
> – C'est-à-dire ?
>
> David pousse Pierre à la justification. D'une manière générale les questions ouvertes, celles qui commencent par «comment», «qu'est-ce que», «quand», «pourquoi,» etc. amènent votre interlocuteur à se justifier.
>
> Coup de téléphone salvateur (hé oui, tout le monde a le droit d'avoir de la chance). Sachant qu'un cadre est dérangé en moyenne toutes les 7 minutes, savoir profiter d'un de ces dérangements pour s'échapper d'une situation difficile devient un art bien utile à maîtriser.

– David, veuillez m'excuser, peut-être pourrons-nous en reparler plus tard, j'attends ce coup de téléphone client depuis longtemps.»

Ouf! Pierre vient d'échapper à une situation de conflit à laquelle il n'était pas préparé.

PLUS LOIN

POUR ALLER

Les situations de conflit non préparées : les plus dangereuses des conversations, celles qui se chargent en stress rapidement et font des ravages dans les relations humaines et les carrières sont les conversations non préparées, sur un sujet apparemment anodin mais qui peut se révéler émotionnellement sensible. On perd vite de vue l'objet de la conversation au profit d'objectifs moins avouables : se protéger en attaquant l'autre, en lui démontrant qu'il a tort, en étant agressif.

Agir

Après s'être repris, Pierre a demandé à David ce qu'il attendait de lui en tant que manager. La réponse ne vous surprendra pas : des résultats chiffrés. Rien concernant directement le management, la dynamique d'équipe, la montée en autonomie des commerciaux, etc.

Pierre décide donc de s'appliquer maintenant à donner à David ce qu'il attend en termes d'information, de feed-back pour créer des *interactions positives* et rassurer David.

POINTS CLÉS

Déterminer pourquoi votre boss ne délègue pas est toujours délicat car les jeux sont faussés : sur quoi allez-vous être évalué ? Sur quoi lui-même pense-t-il être évalué ?

Dans cette situation, il va falloir déterminer rapidement s'il s'agit d'un manque de confiance ou d'une résistance due à un manque de savoir-faire managérial.

S'il s'agit simplement d'un manque de savoir-faire en termes de délégation, dû à un filtre classique du genre « j'ai plus vite fait de le faire moi-même que de l'expliquer puis de corriger les erreurs », à vous de mettre en œuvre les éléments pour faire changer ce filtre : un feed-back rassurant, une volonté d'être « autonome sous contrôle ». La grande erreur d'un jeune confirmé est de vouloir montrer son autonomie en ne demandant rien à personne et de revendiquer cette autonomie en évitant les comptes rendus : deux attitudes effrayantes pour un manager.

Le grand phénomène de la justification : nous avons vu comment David pousse Pierre à la justification avec ses questions ouvertes. Or toute justification d'une action ou d'une pensée génère systématiquement un processus perdant dans une négociation : celui qui se justifie est en position de « discussion de salon », c'est-à-dire sans maîtrise du but à atteindre » alors que l'autre peut prendre du recul entraînant justifications sur justifications. Pris dans ce jeu de la justification, il n'écoute pas réellement le raisonnement de l'autre car la maîtrise de la conversation devient le seul objectif de l'échange : la forme surpasse le fond.

Dans toutes les situations, vous justifier vous fait perdre la main. Si une explication peut être nécessaire pour comprendre un événement, la justification n'aide jamais à comprendre l'événement. En revanche, elle vous met systématiquement dans une situation d'infériorité.

Un de mes salariés est critiqué par un autre manager

Manager en mode projet
Les choix idiots
Fidélité à un groupe d'appartenance
Les rapports de force sans lien hiérarchique
Savoir parler avec candeur

La situation

Christine, la directrice marketing du groupe, entre brutalement dans le bureau de Pierre, notre nouveau directeur régional. Christine se bat depuis des années pour faire évoluer l'entreprise vers une démarche en logique projet et elle compte bien s'appuyer sur chaque nouveau manager pour imposer cette démarche. Or, en partant du constat de la démotivation d'un des membres de l'équipe de Pierre sur un projet en cours, elle en déduit la résistance de Pierre sur ce type de démarche et compte bien changer le cours des choses.

Christine : «Bonjour Pierre. Il paraît que tu n'as fait aucune remarque à François qui a rechigné au cours de la réunion de lancement du projet "une canne pour tous". Tu n'étais pas encore dans l'entreprise, mais ce projet fait suite à l'étude de marché sur les seniors qui a révélé un marché en pleine explosion. Il faut renouveler notre image de marque et peut-être revendiquer la canne comme un accessoire fashion.

– Bien sûr, bien sûr, mais François est sur deux secteurs à la fois en ce moment, il est stratégique pour moi et je comprends qu'il n'ait pas de temps supplémentaire. En plus je n'ai appris qu'au dernier moment qu'il faisait partie de ce projet et je n'ai pas eu le temps de réorganiser tout le service. Je ne veux pas te mettre dans l'embarras mais ne pourrais-tu pas trouver un commercial dans une autre région ?»

Acteurs

- Pierre : protagoniste
- Christine : protagoniste
- François : instigateur
- Équipe des commerciaux : groupe référent

Appliquer la méthode F.I.N.

Analyser le risque

La situation s'engage sur un pur rapport de forces. Pierre ne peut pas se mettre à dos Christine, mais il n'a pour l'instant que le «son de cloche» de François. Il n'a pas eu le temps de creuser la question et se sent agressé par Christine qui met en cause son leadership sur un membre de son équipe.

Il est donc dans une situation où il risque de se décrédibiliser vis-à-vis de son commercial à qui il a garanti plus ou moins tacitement de le défendre, ou de passer pour un récalcitrant vis-à-vis de la directrice marketing qui a l'oreille du président.

Christine : «Écoute Pierre, les autres sont tout le temps débordés et n'ont pas le regard efficace de François qui a déjà participé brillamment à un autre groupe de réflexion.

– Peut-être est-ce à cause de cette participation qu'il est en retard sur ses objectifs! C'est suite à une remontrance de ma part qu'il m'a lui-même demandé d'être exonéré de ce groupe de réflexion.

– Ton aide est précieuse, un "non" ne sera pas accepté comme réponse. Tu sais, le travail en mode projet est une des clés du succès de notre entreprise, et le président tient beaucoup à la collaboration active de tous.»

Ici, Christine utilise une méthode de manipulation classique pour imposer son point de vue sans prendre en compte la problématique de l'autre : elle veut imposer sa volonté par personne (son président) interposée! Elle utilise le pouvoir du président pour son propre compte en s'appuyant sur ce qu'il pense – soi-disant.

Pierre : «Le président tient aussi beaucoup au chiffre d'affaires de ce secteur, je ne pense pas qu'il serait ravi de laisser la place aux concurrents.

– OK Pierre, j'espérais plus de motivation et d'entrain d'un nouveau venu, je suis surprise de cette réticence.»

Attention, la présentation de Pierre est faible : le choix entre «participer à la réunion et perdre des clients ou ne pas participer et être performant» n'est évidemment pas la seule option possible. Cette méthode classique dite du «choix idiot»[1] n'aide en rien la relation interpersonnelle entre Pierre et Christine; elle ne va pas non plus dans le sens de l'entreprise et de la collaboration.

Il faut chercher un terrain d'entente, parler honnêtement.

---

1. Voir points clés p. 55.

Comprendre

Les filtres

- **Pierre** considère, en tant que manager, que son rôle est d'être responsable et protecteur de son équipe : «Personne ne doit s'interposer et encore moins me court-circuiter sous peine de me décrédibiliser.» Ce côté paternaliste, «chef de meute» est un filtre que l'on retrouve souvent chez les leaders qui veulent se faire aimer et qui ont un sens de la responsabilité poussé, une notion d'appartenance à la même équipe. Ce sentiment d'appartenance peut d'ailleurs s'exprimer de manière opposée chez d'autres managers : «Nous appartenons à la catégorie des managers et nous nous entraidons face à la catégorie des salariés.» Mais quel que soit l'angle, cette notion de fidélité au groupe d'appartenance est fondamentale car elle influence les comportements.[1]

- **Christine** n'est pas étonnée par la réaction de Pierre. Pour elle, «c'est toujours pareil, tous les commerciaux sont des individualistes forcenés.» Ce type de filtre est quasiment un reflet parfait des normes ambiantes dans beaucoup d'entreprises. Le statut spécifique, parfois schizophrénique du commercial reste pour beaucoup ambigu : ambassadeur de l'entreprise auprès des clients mais aussi porte-parole des clients auprès de l'entreprise. Leurs négociations pour le compte des clients sont souvent interprétées comme générant une complexité supplémentaire en interne et dont le seul intérêt est de leur faciliter le travail («s'ils faisaient mieux leur boulot cela n'arriverait pas»). Dans le cas de Christine, c'est accentué par sa position difficile qui lui impose d'être en contact direct avec les commerciaux sans pour autant avoir de lien hiérarchique. Facteur aggravant, elle-

---

1. Ainsi, et par analogie, certaines méthodes d'espionnage industriel jouent sur ce principe de respect à la minorité ou à la communauté d'appartenance : par loyauté envers ma communauté religieuse, ethnique ou autre, je suis prêt à trahir mon entreprise que je ne considère pas comme ma communauté de référence.

même est évaluée sur l'implémentation des ses actions marketing terrain dont le succès dépend de la bonne volonté des commerciaux.

Les interactions

Entre Pierre et la directrice marketing, le lien de subordination est faible. Chacun essaye d'impressionner l'autre en arguant de la légitimité de la démarche voulue par le président, chacun essaye de marquer son territoire.

Parallèlement, Pierre s'est fait manipuler par son commercial qui lui a fait valoir que son retard était dû à ces démarches transversales. Il se sent cependant obligé de faire face et de protéger son équipe.

Ainsi, les jeux de pouvoir se jouent ici à deux avec un arbitrage extérieur pris en charge, comme souvent, par un absent : François.

Christine ne veut pas lâcher et on peut concevoir qu'il y a un risque d'effet de contagion. Si cela se sait et que tous les managers exonèrent leurs salariés de participer aux groupes projets, cela deviendra impossible pour elle.

Les normes

La norme de l'entreprise est : « Tu es jugé sur tes résultats. » Pierre l'a bien compris, et Christine n'est pas crédible quand elle prétend que les managers sont jugés sur leur capacité à travailler en projets transversaux. La transversalité peut devenir une norme, mais elle ne s'impose pas d'elle-même, loin de là. Nous avons même connu un groupe qui avait créé un poste de responsable de la transversalité. Le job a été tenu six mois avant la démission du pauvre collaborateur qui s'était heurté à des montagnes de crispation…

On n'impose pas des changements de normes comme on décide du lancement d'une nouvelle campagne de communication.

Cependant, il est fort possible d'imposer de nouvelles normes directement en espérant qu'elles vont éradiquer les anciennes par un effet de chaises musicales. Cela sous-entend néanmoins un travail de fond préalable pour préparer les esprits à l'acceptation de cette nouvelle norme.

Décider

Pierre comprend bien l'inanité de leur conversation et décide de «parler avec son cœur», d'expliquer ce qu'il ressent, les émotions qui l'empêchent d'abonder dans le sens de Christine[1]. C'est un exercice difficile mais souvent salutaire, plus facile à réaliser quand la confiance dans votre interlocuteur est grande. Ici, il ne risque pas grand-chose à essayer.

> Pierre : «Écoute Christine, tu as sans doute raison. En fait il y a plusieurs choses qui me gênent : François est évalué sur sa performance, sa rémunération en dépend et il a vraiment besoin de se concentrer sur l'activité qui le nourrit. Moi-même je dois produire des résultats, j'ai besoin de toutes mes ressources. Personne ne m'a prévenu, tu as convoqué François sans même me demander si cela contrarierait mon organisation : en fait, je pense que tu t'attendais à plus de mollesse, de timidité d'un nouveau et que c'est pour cela qu'il t'a paru envisageable de me court-circuiter sans risque. La seule réponse qui soit crédible maintenant si je ne veux pas me faire manger tout cru est d'être dur et de marquer mon territoire.
> – Pierre, je dois dire que tu me bluffes. C'est une grande qualité de pouvoir dire les choses avec candeur. Comment peut-on trouver une solution satisfaisante ?»

Agir

> Pierre : «Sachant que tu n'as pas la possibilité de modifier mon système de rétribution et d'évaluation, il faut que tu me

---

1. Voir p. 7.

parles du projet pour voir si je peux moi-même contribuer, le regard du nouveau est toujours enrichissant...»

POINTS CLÉS

Ne commencez jamais une conversation par un reproche. D'une manière générale, engager une conversation sur le mode du reproche n'est jamais très bon, mais dans le cadre d'une dynamique projet où les relations hiérarchiques ne jouent pas, cela revient à se mettre en situation de conflit immédiat.

Avant une négociation, il faut toujours définir une obligation d'aboutir ou trouver un objectif commun possible. Les théories de la gestion de conflits partent de l'hypothèse qu'il doit y avoir une résolution dudit conflit pour continuer à «jouer». Dans le cas des projets transversaux, la situation peut parfois rester bloquée très longtemps, chacun accusant l'autre d'immobilisme et se réfugiant derrière ses propres contraintes. Pour éviter cela, sans pour autant prendre la charge de travail maximale à la place des autres, essayez de trouver des buts et des intérêts communs à la réalisation du projet. Mais si, c'est possible dans 99 % des cas...

Situation 5
Un salarié se dit en surmenage

Absentéisme, fatigue et démotivation
Interactions vie privée/vie professionnelle
Les effets de la « réunionite »
Mesurer l'implication
La force de la motivation

La situation

Pierre, notre directeur régional, a passé beaucoup de temps à préparer une réunion de remobilisation de ses troupes en laquelle il place tous ses espoirs de jeune manager. L'esprit d'équipe et de solidarité est au centre de ses croyances en matière de management, il a envie de diriger son équipe comme une équipe de rugby.

Il se projette donc à la sortie de la réunion en imaginant sa place de capitaine ayant réconcilié tout le monde sur l'objectif à atteindre. Il est dans cet état d'esprit quand arrive le coup de fil de Stéphane, un de ses commerciaux.

Stéphane : «Écoute Pierre, je sais que tu as prévu une réunion la semaine prochaine mais pour tout te dire, j'aimerais bien prendre ma journée de RTT après le week-end, je suis épuisé, j'ai besoin de recharger les batteries.

– Oui Stéphane, mais cette réunion est vraiment importante, prends tes RTT après s'il te plaît.

– OK, je comprends, mais si je te le demande, c'est que j'en ai besoin, Pierre. Tu me feras un débriefing.

– Stéphane, tes résultats semblent plutôt en baisse ces derniers temps, veux-tu que l'on en parle?

– C'est justement parce que je suis épuisé que les résultats sont en baisse. Je n'arrive pas à recharger les accus. Je traîne un rhume depuis quatre mois dont je n'arrive pas à me défaire, mon sommeil est perturbé, mes résultats s'en ressentent. J'avais prévu depuis longtemps ce week-end de trois jours qui est important pour moi et mon épouse, je ne me vois pas lui annoncer qu'en plus je l'annule.»

Attention! Stéphane vient de présenter plusieurs affirmations qui ne peuvent pas être prises pour argent comptant par Pierre, qui va plus que ne jamais devoir faire preuve de candeur et d'assertivité[1].

Les acteurs

- Pierre : protagoniste
- Stéphane : protagoniste
- Ancien directeur commercial : instigateur
- Femme de Stéphane : arbitre et groupe référent

---

1. Absence d'agressivité.

Appliquer la méthode F.I.N.

Analyser le risque

Pierre a ici trois options :

– rester sur ce qui lui paraît le plus important pour lui : avoir tout le monde présent à la réunion et dire à Stéphane : «Pas de problème pour tes RTT, mais après la réunion», avec le risque de le démotiver, voire de recevoir un arrêt maladie en signe d'insubordination ;

– laisser faire, être faussement cool en acceptant son absence sans sourciller et prendre le risque de voir la situation de démotivation potentielle de Stéphane s'enraciner ;

– essayer de comprendre ce qui motive la demande de Stéphane, creuser, faire tomber les masques au risque de créer une situation de conflit et de démotivation durable.

Pierre confirme alors sur son écran que les résultats de Stéphane sont moyens – voire en baisse. «En voila un qu'il faut certainement remotiver et, comme par hasard, c'est lui qui ne veut pas venir… c'est toujours la même chose», pense Pierre se fondant sur un exemple de son expérience. Et oui, un exemple suffit pour faire une généralisation, une distorsion de la réalité, un filtre, un verre de lunette teinté…

Comprendre

Les filtres

• Pour **Stéphane**, c'est la fatigue qui génère le manque de résultat, et l'intensité de travail l'empêche de se soigner. Mais refuser la réunion est un alibi pour faire part de sa fatigue. Stéphane n'ose pas s'avouer que sa fatigue est en réalité un symptôme de peur, de mal-être, de démotivation.

• Pour **Pierre**, le manque de résultat est démotivant, il fait ressortir le sentiment de fatigue et de lassitude plus intensément.

Quand on gagne, on n'est pas fatigué. Il pense que ce sont toujours ceux qui en ont le plus besoin qui ne font pas les efforts. Fort de ce filtre, il va chercher les arguments pour conforter cet avis. Bien sûr, nous sommes dans une problématique du type œuf/poule : «Est-ce que je ne fais plus d'efforts parce que je suis démotivé et mes résultats s'en ressentent, ou est-ce que parce que mes résultats sont mauvais que je baisse les bras?»

Les interactions

L'ancien manager de Stéphane le harcelait et l'humiliait lors des réunions, ce qui en faisait des moments difficiles à vivre. Cette interaction entre les deux hommes a laissé des traces importantes qui demeurent aujourd'hui.

Parallèlement, Stéphane se plaint beaucoup auprès de son épouse, et il s'est créé au sein du couple une forme de complicité dont l'origine est une critique en règle contre l'entreprise. Annuler son week-end apparaît donc comme une trahison envers «la seule personne» qui se préoccupe vraiment de lui, le comprenne et le supporte dans la lourde épreuve qu'il traverse. Le «qu'en plus je l'annule» démontre qu'il présente son travail comme étant à l'origine de son manque de disponibilité vis-à-vis de son épouse.

Les normes

Les réunions régulières au siège sont traditionnellement fastidieuses, trop nombreuses, et il est d'usage que les provinciaux ne viennent que de temps en temps. C'est sur cette base que Stéphane prétend s'exonérer de la réunion en toute légitimité. Pierre, ignorant la norme, trouve la démarche inconvenante.

L'entreprise juge l'implication des gens sur leur façon de pleurer «qu'ils n'ont pas de temps pour eux». La disponibilité est la seule mesure de l'engagement. Ainsi, les portables sont toujours branchés, et les sollicitations permanentes empêchent réellement les breaks.

Cela ajoute à la notion de pression et de démotivation. Cette norme classique [temps passé = motivation] est souvent épuisante pour les vies de couple…

Décider

Pierre décide de rompre le rapport de force et de générer une dynamique positive. Il perçoit bien qu'il devra donner une «contrepartie» qui servira d'alibi à François pour changer d'avis vis-à-vis de son épouse, mais il ne sait pas encore laquelle. Il viendra voir Stéphane pour faire le point avec lui.

Agir

Pierre : «Stéphane, mon objectif c'est que tu sois performant, et pour cela tu as besoin d'être bien dans ta tête et bien physiquement. Ce que tu me dis est donc fondamental pour moi et je ne veux pas le prendre à la légère. Au-delà de la question de ta présence à la réunion, dont je ne voudrais que ni toi ni moi nous ne fassions une question de principe, la véritable question que tu dois te poser c'est : ne pas assister à la réunion peut-il être inconsciemment une manière de fuir le problème au lieu de l'affronter? Par exemple, penses-tu réellement qu'avec une journée de RTT tu iras mieux?

– Un déplacement de moins, de la tension nerveuse en moins, de l'agressivité inhérente à ce type de réunion en moins : oui, je pense que d'éviter cette réunion est salutaire pour moi.

– OK Stéphane, alors je viens te voir demain et on en parle.

– (Stéphane, surpris) Bon, d'accord, je viens te chercher à la gare...»

Pierre vient de faire un coup fabuleux. Les salariés sont habituellement convoqués de manière formelle, les visites ne sont jamais improvisées car elles pourraient être considérées comme une forme de flicage, voire de harcèlement, d'où la surprise de Stéphane et l'avantage qu'a pris Pierre sans vraiment savoir pourquoi. De plus, il pose les bases d'une nouvelle relation en apportant à Stéphane un niveau de reconnaissance que ce dernier n'avait jamais connu.

POINTS CLÉS

Le magnifique phénomène de la motivation : d'une manière générale quelqu'un de motivé n'est pas fatigué durablement. Un collaborateur en pleine santé physique qui se plaint chroniquement d'être fatigué a toutes les chances d'être en phase de démotivation.

Sans reprendre l'ensemble des théories de la motivation au travail, résumons le propos à l'essentiel pour un manager : *la motivation n'est pas un état, c'est un processus*, ce qui met en mouvement. Ainsi, la motivation nécessite un objectif (un but à atteindre), un effort pour atteindre l'objectif (si je suis sûr d'y arriver sans efforts, je ne suis pas motivé), une certaine constance dans l'effort et, souvent, une récompense à la hauteur de l'effort pour éviter la démotivation.

Bien sûr chaque individu, en fonction de ses filtres et des interactions avec son environnement sera plus ou moins sensible à la nature des objectifs qui lui sont proposés.

Quoiqu'il en soit, savoir *donner du sens* au travail de chacun est la base nécessaire pour créer une dynamique de motivation (voir situation 24).

Faut-il aménager le temps de travail d'un collaborateur à la suite d'un changement dans sa vie privée?

Gérer la peur
Interactions vie privée/vie professionnelle

La situation

Claire est une salariée motivée sur laquelle Pierre, notre directeur régional, fonde beaucoup d'espoirs. Elle a demandé un entretien. Cela inquiète Pierre qui ne veut pas perdre cet élément de qualité.

Il sait qu'il va falloir faire preuve d'écoute, mais il sait aussi qu'il ne peut pas faire «deux poids, deux mesures», même pour garder un élément de valeur. Il a préparé cet entretien en regardant le dossier de Claire, ses performances, son niveau de rétribution et l'évolution de sa rémunération sur deux années.

Claire : «Bonjour Pierre et merci de cet entretien. Voilà, bien que ma vie privée ne regarde que moi, je pense que les derniers événements vont avoir de l'importance sur mon travail et je tenais à en parler avec toi.

– Bien sûr Claire, de quoi s'agit-il exactement, rien de grave, j'espère? (Pierre est inquiet et le dit, cela le rend humain et proche. Sa simplicité et son intérêt sont sincères, en tout cas en ce qui concerne Claire.)

– Non, non, tout va bien, simplement mon divorce qui dure depuis deux ans vient de s'achever, je vais devoir m'organiser dans le cadre d'un nouveau mode de garde des enfants, sur une semaine coupée en deux avec des alternances. Cela signifie certainement : pas de réunions tard le soir, pas de déplacements superflus. J'ai peur que cela soit interprété comme un manque d'investissement, d'engagement. Je voulais ton avis sur la manière de gérer cette situation, cet équilibre nécessaire entre vie privée et vie professionnelle.

– Claire, je connais beaucoup de gens dans ton cas (sourire complice) qui s'arrangent de cette situation avec des objectifs bien fixés et une organisation en béton. Tu verras que dans un environnement favorable des deux côtés, tu t'en sortiras. La vraie question est : as-tu besoin d'un temps aménagé?

– En fait, je me le demande, mais je manque de visibilité. Compte tenu de la nature même de mon job, je pense pouvoir m'organiser pour atteindre les objectifs. C'est plus les contraintes imposées par la structure et son indifférence normale aux problématiques individuelles qui m'effraient. Je me demande si je pourrais réellement travailler avec la pression que je risque de subir.»

Les acteurs

– Pierre : protagoniste
– Claire : protagoniste

– DRH et directeur commercial : arbitres
– Famille, enfants : groupe référent

Appliquer la méthode F.I.N.

Analyser le risque

Claire a peur de sa structure, elle semble prête à démissionner plutôt que d'avoir à se battre contre l'entreprise. Pierre doit la rassurer totalement s'il veut conserver un bon niveau de motivation.

«La peur est mauvaise conseillère», dit le proverbe, et c'est vrai. Elle bloque le processus émotionnel, la capacité de réflexion, le dynamisme… or les situations où nous avons peur peuvent être nombreuses : peur de parler en public, peur de décevoir, de perdre une compétition, peur de s'associer avec des escrocs, peur de ne pas pouvoir tenir ses engagements, peur encore d'affronter son conjoint parce qu'une fois de plus on est en retard, peur de perdre la confiance de quelqu'un que l'on respecte, etc.

Identifiez la peur, et vous débloquerez souvent une situation figée ou des attitudes agressives que vous ne comprenez pas.

Comprendre

Les filtres

• **Claire** culpabilise de cette situation, ressent une forme de «honte» à imposer à l'entreprise ses problèmes personnels.

• **Pierre** a vécu une expérience douloureuse qui l'amène à se mettre à la place de Claire. S'il avait été intégriste au niveau du mariage, peut-être réagirait-il différemment («Débrouille-toi, tu n'avais qu'à pas divorcer»). Un vécu comparable peut forger des filtres identiques. Claire trouve ici Pierre très compréhensif, avec une grande intelligence de l'autre. En fait, Pierre est passé par les mêmes événements et comprend réellement Claire.

Les interactions

Des interactions extérieures sont souvent en jeu dans les réactions insondables de certains salariés. Ainsi, nombre de cadres justifient leur demande d'augmentation parce qu'ils ont acheté une nouvelle maison…

Ici Claire joue franc jeu en impliquant Pierre dans la recherche de solution. Par ailleurs, il perçoit cette révélation comme un signe de confiance. Tout comme certains récipiendaires d'une confidence, il se sent important, avec un rôle à jouer. Pierre est un manager un peu «paternaliste».

Par ailleurs, quelles que soient les décisions que va prendre Pierre, il sait qu'il devra les justifier vis-à-vis de deux arbitres : son directeur commercial et la direction des ressources humaines. Ils sont bien présents dans cette relation, bien que Pierre ne veuille absolument pas se réfugier derrière leur décision finale pour ne pas effrayer Claire.

Les normes

Deux normes de l'entreprise pèsent sur le sentiment de Claire :

– l'entreprise n'a pas à se mêler des aspects privés de la vie de ses salariés, «sinon on ne s'en sort pas». Dans la veine de cette norme, tout ce qui touche un tant soit peu à la sphère privée a été banni : pas de système de retraite par capitalisation, pas de séminaire avec les conjoints, etc.

– celui qui est peu disponible est souvent jugé peu efficace. Cette norme de relation au temps, où le nombre d'heures passées au bureau est synonyme d'engagement, est assez largement répandue dans nos entreprises ; elle génère des comportements du type : «Il faut être disponible pour les réunions prévues à 17 heures, mais qui commencent à 18 h 45, etc.» En fait, préférer un rendez-vous privé plutôt que d'assister à cette réunion est considéré comme une forme de manque d'engagement.

Décider

Pierre décide d'assumer la situation avec son filtre de manager paternaliste. Il veut absolument rassurer Claire : pour cela il ne doit lui demander aucun engagement, ne lui parler d'aucune contrainte et doit s'exprimer essentiellement en termes de solution.

Agir

Pierre : «Rassure-toi Claire, tu seras d'abord jugée sur tes performances, la structure prendra le soin de te prévenir suffisamment tôt pour les meetings importants. On essaie et on en reparle dans trois mois. C'est moi qui évaluerai ton implication, et crois-moi, je sais faire la part des choses. Cela te convient ?

– OK, essayons (grand sourire sincère).»

POINTS CLÉS

Sphère privée, sphère professionnelle : l'importance que prend la sphère privée dans les priorités de vie des salariés occidentaux amène de plus en plus souvent les entreprises à devoir intégrer cette donnée dans leur mode de management. Cela passe par le développement des services aux salariés (conciergeries, crèches d'entreprise, patrimonial office…), ou encore l'aménagement des packages de rémunération en fonction des problématiques ou des situations particulières (package senior, salariés fortement fiscalisés, jeunes débutants, etc.), le développement des formules de compte épargne-temps, des compléments de retraite par capitalisation, d'environnement de travail valorisant, de formations spécifiques, etc.

L'attitude qui consiste à ne pas prendre en compte les besoins des salariés va être de plus en plus difficile à tenir.

.../...

POINTS CLÉS (Suite)

La peur : avant de rechercher une solution dans une situation où votre interlocuteur a peur, il faut avant tout rétablir un climat de confiance. Si une personne a peur de vous annoncer quelque chose, c'est qu'elle a peur de votre réaction, qu'elle ne vous fait pas confiance sur le fait que vous partagiez les mêmes objectifs. Rassurez-la sur ce point avant de continuer l'entretien, sinon rien de bon ne sortira de votre conversation.

Situation 7
Se retrouver malgré soi en situation de médiateur

Gérer les interactions avec un manager colérique
Se retrouver en situation de médiateur
La notion de reconnaissance
Les relations infantilisantes
L'«effet d'étiquette»

La situation

Françoise, une assistante, se sent agressée par son manager direct et essaie de prendre Pierre, notre manager régional, à témoin. Elle entre dans son bureau accompagnée de l'assistante de Pierre, Magalie.

Françoise (en pleurs) : «Écoutez Pierre, je ne comprends pas Xavier, le responsable régional sud-ouest : il me demande de faire une étude de marché sur l'implantation de prescripteurs potentiels (cliniques orthopédiques, maisons de retraite, etc.) Et quand je lui rends, après avoir travaillé nuit et jour pendant deux semaines, il me rétorque que c'est trop tard, qu'il n'avait pas besoin d'un dossier de soixante pages et que mon travail est complètement inutile.»

Les acteurs

- Pierre : protagoniste, médiateur, témoin
- Françoise : protagoniste
- Magalie : instigateur
- Xavier : protagoniste indirect
- Équipe de Pierre : groupe référent de Pierre
- Équipe des assistantes : groupe référent de Françoise et Magalie

Appliquer la méthode F.I.N.

Analyser le risque

Le fait que Pierre défende ses équipes vis-à-vis de sa hiérarchie n'en fait pas un représentant des faibles et des opprimés. Ici, les comportements précédents de Pierre ont permis à tous les salariés de lui coller une étiquette, par un processus dit d'attribution : on prête à quelqu'un des qualités et un caractère en fonction des comportements que l'on perçoit. S'il ne s'occupe pas de Françoise, son comportement ne collera plus à l'étiquette de bon Samaritain, et Françoise risque de polluer sa propre équipe avec un discours du genre : «C'est un hypocrite, il tient deux discours à la fois, en fait on ne peut pas lui faire confiance.»

Il y a de fortes chances que Magalie, son assistante, ait incité Françoise à venir. Magalie est donc elle aussi en attente. C'est une contrainte psychologique forte sur Pierre qui ne veut pas décevoir ses équipes.

Enfin, il ne veut pas se brouiller avec Xavier, à qui il n'a rien à reprocher personnellement.

Françoise se permet de prendre Pierre à témoin parce qu'elle connaît sa réputation et pense qu'il pourra l'écouter, l'aider, voire prendre son parti. Évidemment, la situation est délicate car elle n'appartient pas à l'équipe de Pierre, qui n'a en réalité aucun intérêt à prendre le parti de Françoise.

Pierre à Françoise : « Écoutez, je devais justement téléphoner à Xavier. Je vais essayer de lui en toucher un mot.

– Pierre à Xavier : Allo, bonjour Xavier, Pierre à l'appareil. Je ne te dérange pas ?

– Pas du tout Pierre, justement je viens de t'envoyer les documents que tu m'as demandés.

– Génial Xav'! Dis-moi tant que je te tiens, j'ai croisé Françoise, bouleversée. Je crois que tu as eu une explication sévère avec elle...

– M'en parle pas, c'est à chaque fois la même chose. Elle ne comprend rien. Je l'appelle mercredi parce que je vois un candidat vendredi et que j'ai besoin de quelques informations complémentaires sur la région, et elle me rend un livre quinze jours après. »

Comprendre

Les filtres

- **Xavier** est exigeant. Il est rapide, il a besoin de prendre des décisions vite et d'avoir des collaborateurs réactifs. Il donne des objectifs globaux, n'a pas le temps d'expliquer les chemins qu'il faut suivre. Il a besoin de s'entourer de gens autonomes, qui s'organisent seuls et produisent des résultats immédiats. Il subit la pression du marché et la fait supporter à tort à Françoise. En décodé, il y a un risque que ce qu'il dit être de « l'exigence » soit en fait du « pur stress ».

- **Françoise** est méticuleuse, reconnue pour son travail fouillé. Elle a besoin qu'on lui balise le chemin, ce n'est pas une créative qui part dans l'inconnu, ça la bloque. Mais quand elle fait un travail, elle le fait à fond. Elle a besoin de reconnaissance, elle est insensible, sourde à la pression ressentie par Xavier... elle estime que c'est le job de Xavier de gérer le stress et qu'un bon manager n'a pas à transmettre ses angoisses sur ses subordonnés.

À l'évidence la communication est difficile entre ces deux profils.

- **Pierre** estime que la reconnaissance est une donnée essentielle de la dynamique managériale. Il est choqué de la situation mais n'a pas assez de faits tangibles pour prendre position : il sent bien que le problème prend ses racines bien avant cette anicroche.

- **Magalie** a un filtre manichéen et il y a pour elle quatre catégories en jeu : elle classe Pierre dans la catégorie des gentils et Xavier chez les méchants. Elle classe Françoise dans la catégorie des opprimés, et le reste du management, hors Pierre, dans celle des exploiteurs. Cela lui donne la force de conviction qui fait les «petits leaders extrémistes». Pas de demi-mesures possibles.

Les interactions

Visiblement, Xavier et Françoise ne se comprennent plus depuis longtemps, le mépris de l'un vis-à-vis de l'autre les rend sourds entre eux. Il aurait été simple pour Xavier d'expliquer à Françoise le détail de ce qu'il attendait. Il lui aurait été simple aussi de féliciter Françoise pour la qualité du travail fait avant de recadrer sa demande.

Parallèlement, le sentiment de frustration de Françoise est compréhensible : «J'ai beaucoup travaillé, je me suis investie pour rien, aucune reconnaissance. Si ce n'est pas ce qu'il attendait, il fallait le dire au départ.» Les émotions négatives sont lourdes de conséquences en termes de motivation.

Pierre se trouve projeté dans un rôle de médiateur involontaire par Magalie qui s'est positionnée en tant qu'instigateur, arbitre et juge partisan. Seul Pierre peut s'adresser directement à Xavier ou à sa hiérarchie, et c'est pourquoi Magalie l'a impliqué.

Pierre veut éviter tout rapport de force, soit avec Françoise qu'il ne veut pas renvoyer dans ses buts, soit avec Xavier qui ne comprendrait pas cette intrusion et le renverrai sèchement et avec raison. Il veut aussi éviter le rapport de force ultérieur avec Magalie qui lui reprocherait de manière silencieuse son inaction. Il est prisonnier de son étiquette de «bon Samaritain» qui entraîne ce type d'interaction.

Les normes

«Si je pose une question sur le travail que me donne mon supérieur hiérarchique, cela me fait passer pour une incompétente.» Cette norme avait été édictée par l'ancien président qui humiliait en public les personnes qui lui demandaient de répéter ses explications ou ses demandes.

Ce système avait créé un jeu de pouvoir assez étonnant : l'assistante du président était devenue la seconde personne la plus importante de l'entreprise, tout le monde passait par elle pour comprendre ce qu'il avait dit.

«Le poisson pourrit par la tête», dit le dicton. Ici, est-ce Xavier qui mime le comportement du président ou l'assistante, Françoise qui n'ose pas à s'adresser à Xavier avec candeur? Tout deux peuvent être influencés par cette norme.

Décider

Aller plus loin au téléphone ne sert à rien. Pierre sent que Xavier a une écoute relativement faible sur le sujet et que l'énervement est encore réellement présent. Parler de manière raisonnable quand l'adrénaline coule à flot dans les veines n'est pas possible. Par ailleurs, Pierre n'a pas tout l'historique de la relation entre eux et estime que son appel était déjà une preuve de reconnaissance vis-à-vis de Françoise.

> Pierre à Xavier : «OK, je vois, on en reparle.
> – Pierre à Françoise : je pense que le moment était mal choisi, mais apparemment, il y a un vrai différend entre vous.
> – Merci d'avoir essayé, mais ce type n'entend rien et ne veut rien savoir (pleurs).»

Agir

> Pierre : «Calmez-vous Françoise, et montrez-moi la structure de votre analyse de marché que je vois ce que je peux y

prendre d'intéressant, car j'ai moi-même besoin d'une étude sur ma région.»

– Tenez Pierre, et n'hésitez pas à me demander si quelque chose n'est pas clair.»

Pierre est gentil et croit qu'en donnant l'impression à Françoise que son travail a été utile il diminuera sa peine. En fait c'est le contraire : il ne résout en rien la frustration de la vexation commise par Xavier et en plus, il ajoute avec cet élan de pitié un sentiment de honte de s'être ouverte à lui.

En réalité, un problème entre deux personnes se résout plus vite et plus facilement quand elles discutent entre elles. Pierre aurait dû montrer à Françoise comment aborder le problème relationnel qu'elle avait avec Xavier. Il aurait dû la conseiller sur son comportement, lui indiquer clairement des mots, des phrases à utiliser pour sensibiliser Xavier à son problème.

PLUS LOIN

POUR ALLER

Les mots justes : employer «les mots justes» pour commencer une conversation aide incontestablement à débloquer des situations. J'ai souvent constaté que de «donner» la manière de s'exprimer en précisant la tonalité et même les phrases à dire, permet à certaines personnes de débloquer des situations dont elles ne savaient pas comment se sortir : il leur suffit de s'imaginer en train de répéter ce qu'on vient de leur dire pour que cela devienne «possible, envisageable» à leurs yeux.

Il aurait pu aussi la conseiller sur le «bon moment» pour aborder ce type de conversation. En effet, ce n'est pas dans le feu de l'action et de la colère qu'il faut essayer de résoudre ce type de problème. Il faut pour cela un minimum de disponibilité des deux parties, de calme, de temps, et souvent deux jours ne sont pas de trop entre l'altercation et l'explication.

POINTS CLÉS

Le rôle du médiateur : quand on vous demande d'être le médiateur dans une situation de conflit entre deux personnes de votre entreprise, suivez le process suivant :

1. posez-vous et posez-leur la question de savoir si vous êtes la bonne personne. Cela vous évitera de vous retrouver dans la situation de Pierre qui prend son téléphone de manière quasi impulsive sous la pression indirecte de son assistante Magalie.

2. essayez de faire refaire à chaque personne concernée son chemin de pensée entre la situation de crise et le fait générateur : il faut toujours remonter au fait générateur, qui est la seule chose indiscutable (NB : dans notre situation, le fait générateur est la demande de rapport de Xavier, et non la remise du rapport comme on pourrait le penser au premier abord). Essayez de montrer à chacun que le « fait » en question peut être interprété de différentes manières, et que son interprétation est peut-être la bonne, mais peut-être pas...

3. mettez-vous à la place de l'autre, cela fait tomber l'agressivité de 97 %. Essayez la prochaine fois, c'est infaillible, on arrive même à avoir de la compassion pour son ennemi du moment !

L'effet d'étiquette : ce qui pousse Françoise à demander à Pierre de l'aider, c'est que celui-ci a une « étiquette », une image de bon Samaritain. Dans un groupe, on vous « colle une étiquette » en fonction de l'observation de vos comportements. Ce phénomène est décrit par les psychologues sociaux comme « l'effet d'attribution ». Quand vous connaissez peu une personne, vous lui attribuez des qualités en fonction de ce que vous observez de son comportement. Ce qui entraîne Pierre à appeler Xavier pour aider Françoise est aussi une conséquence de cet effet : il veut se montrer digne de cette étiquette.

Situation 8

Les réunions
non préparées,
un signe de
non-professionnalisme

Préparer et gérer une réunion,
un point de performance essentiel
Les choix idiots
Risque de contagion, risque de rejet
Savoir ne pas se faire influencer sans vexer l'autre

La situation

Pierre, notre cher nouveau responsable régional, va assister à sa première réunion mensuelle dite «des managers». Le directeur commercial lui a demandé de se présenter au groupe et de développer sa vision de l'entreprise après un mois de présence. André, un «vieux de la vieille», interpelle Pierre avant la réunion, ignorant que ce dernier doit prendre la parole.

André : «Pierre ne t'inquiète pas, tu vas voir, le plus difficile dans ces réunions animées par notre cher directeur commercial, c'est de ne pas s'endormir. Ensuite, c'est de lutter contre l'impression de perdre son temps. Sinon, il est très sympathique.

– Que veux-tu dire exactement?

– Que les digressions sont infinies, les ordres du jour imprécis, les temps de paroles non respectés, les anecdotes personnelles sont légions, les décisions inexistantes, j'en passe et des meilleures...

– Et comme c'est le chef, personne ne dit rien, c'est cela?

– Entre autres... Je pense aussi que certains apprécient de ne pas avoir à rendre des comptes. Et puis, quand ce n'est pas organisé, c'est celui qui parle le plus qui donne l'impression de s'investir le plus.

– Et comment ressens-tu cela?

– Je me suis habitué à l'iniquité qui règne dans cette entreprise.»

Les acteurs

- Pierre : protagoniste
- André : protagoniste
- Directeur commercial : arbitre
- Directeurs régionaux motivés : groupe référent
- Directeurs régionaux démotivés : groupe référent

Appliquer la méthode F.I.N.

Analyser le risque

Pierre ressent bien la profonde démotivation d'André. C'est tout juste si ce dernier n'ajoute pas : «Tu verras, toi aussi tu t'y feras». Combien d'entreprises voit-on où toute la motivation créée auprès d'un jeune collaborateur au cours de la période de recrutement (qui peut s'étaler sur plusieurs mois) est sapée en moins d'une heure par quelques remarques acerbes des «anciens blasés».

Le risque ici est que Pierre, par solidarité de classe, adopte une attitude blasée. En tout cas, il va commencer la réunion avec un fort a priori et se sent fragile dans sa présentation à faire : il est toujours difficile de faire une présentation «motivante» à un public qui n'est pas à l'écoute. Qui plus est, ne pas prendre un ton blasé mais essayer de faire celui qui y croit pourrait lui faire prendre le risque d'être exclu du groupe.

Comprendre

Les filtres

- Pour le **directeur commercial**, la convivialité passe avant la rigueur et «le flicage». Une bonne réunion doit être sympathique. D'ailleurs, pour justifier son manque de rigueur, le postulat «seuls les résultats comptent» est là pour le rassurer. L'intervention de Pierre est pour lui un bon moment où il n'aura pas à porter la mollesse du groupe.

- **André** est passé en processus de démotivation et toutes les informations et événements sont analysés dans un prisme qui sert à conforter son point de vue. Chaque réunion ratée est un moyen de se rassurer sur les raisons de sa démission morale.

- Pour **Pierre**, les moyens, les efforts sont aussi importants que les résultats : quand on se focalise uniquement sur les résultats, il est souvent trop tard. Les réunions commerciales servent à parler des moyens, et elles sont fondamentales.

Soit trois visions radicalement différentes de l'objectif et des attentes que l'on peut assigner à une réunion.

Les interactions

André est démotivé, il cherche à se faire un allié qui lui permette de se conforter dans son manque de combativité. Il prévient aussi

Pierre contre tout excès d'optimisme qui pourrait venir gâcher le calme de sa situation.

Pierre ne veut pas donner raison au défaitisme d'André, mais ne souhaite pas le vexer et jouer un rôle de remotivation qu'il n'estime pas être le sien. Parallèlement, il sent bien dans les propos d'André qu'il va devoir prendre position entre les nouveaux qui y croient encore et les anciens qui préservent leurs arrières.

Les normes

La norme a été créée historiquement par le directeur commercial et a été validée ensuite par le président sur les fondements d'un effet dit «de balancier» : les salariés s'étaient plaints de la tournure des réunions commerciales. Le directeur commercial avait alors plaidé en faveur de la suppression des réunions. Puis les salariés se sont plaints du manque d'informations, de reconnaissance et les réunions ont été remises au goût du jour. La norme suivante a été instituée : les salariés ne sont jamais contents : quand il n'y a pas de réunions, les salariés en demandent et quand il y en a, ils ne sont pas contents de leur contenu. Entre deux maux, on prend le moins grave…

Là aussi, on se retrouve devant le phénomène du choix idiot : personne n'ose dire : «Et si on pouvait faire des réunions intéressantes et motivantes?»

Décider

Pierre décide d'être fidèle à ses convictions d'engagement et de croyance dans son job et son entreprise. Après tout, son avenir dépend plus de l'image que son directeur commercial va avoir de lui que de la bonne impression qu'il peut donner à André. Cependant, il décide de jouer sa partie avec candeur vis-à-vis d'André.

Agir

Pierre : «André, tu dois avoir tes raisons pour paraître désabusé et je respecte ton parcours. Personnellement, j'ai toujours préféré me faire un avis par moi-même si cela ne te dérange pas. Je pense que je verrai tout seul ce qui me convient ou non dans le fonctionnement de l'entreprise et nous en reparlons dans un mois, quand j'aurai plus de recul...

– Bien sûr Pierre, je comprends, les anciens ont toujours tendance à vouloir prévenir les plus jeunes alors que seule sa propre expérience compte réellement, pas vrai?»

POINTS CLÉS

La préparation d'une réunion : vos équipes sont vos premiers clients; une réunion d'équipe est donc aussi importante qu'un rendez-vous chez le plus gros de vos clients. Elle doit se préparer et se mener professionnellement. Ne rien préparer est souvent ressenti comme un manque de reconnaissance. Préparer l'ordre du jour, l'envoyer à l'avance et le respecter sont des basiques, souvent ignorés.

Le choix idiot : quand vous êtes dans une situation de choix idiot (les deux termes amènent leur lot de conséquences négatives), il y a peut-être toujours un autre choix, qui d'ailleurs est souvent une combinaison des deux solutions imparfaites.

Quand quelqu'un justifie ses actes en se cachant derrière une phrase alternative qui ressemble à «c'était cela ou pire», essayez de repérer le choix idiot... *De votre côté, n'acceptez jamais de justifier un mauvais choix en expliquant que l'autre solution était pire!*

Situation 9
Changer les habitudes

Implémenter un nouvel outil de travail
Savoir accepter le changement
Se faire court-circuiter par son responsable
Être « entre le marteau et l'enclume »
La technique de l'édredon
Les distorsions de réalités
La technique du contre-exemple

La situation

Les commerciaux rechignent à utiliser le nouvel outil informatique. Le directeur commercial, court-circuitant ses responsables régionaux, envoie un mail incendiaire à tous les commerciaux. C'est maintenant l'heure du retour vers les responsables directs.

Jérôme, commercial : «Pierre, nous avons reçu une note agressive de David concernant le nouveau logiciel CRM pour les commerciaux, implémenté il y a deux mois avec le petit PC que l'on doit trimbaler partout. Il nous menace presque parce qu'on ne l'utilise pas vraiment. Je peux vous assurer qu'on n'est pas près d'utiliser cet outil de flicage qui nous fait perdre un temps infini et qui ne servira strictement à rien.

Faudrait peut-être arrêter de nous prendre pour des robots, la vente, c'est avant tout un métier d'hommes...»

Les acteurs

- Pierre : protagoniste
- Jérôme : protagoniste
- Directeur commercial : instigateur
- L'équipe de commerciaux : groupe référent

Appliquer la méthode F.I.N.

Analyser le risque

Il faut désamorcer la situation car Jérôme se sent agressé par le mail de David. Drapé dans son indignation, il est agressif et peu à l'écoute. Pierre doit trouver un moyen de retourner la situation, sinon il risque de se retrouver coincé entre le marteau et l'enclume, entre une sorte de rébellion des commerciaux et la pression sans nuance du directeur commercial. Autrement dit, soit il va être considéré comme un simple béni-oui-oui par ses équipes, soit comme un manager trop faible par son responsable direct.

> Pierre : «Alors que la comptabilité qui permet d'établir vos fiches de paye, c'est un métier de robots, c'est cela???
> – Je n'ai pas dit cela, [justification], mais l'informatique se justifie certainement plus à la comptabilité que dans notre métier.»

Pierre culpabilise Jérôme en lui montrant qu'il est méprisant vis-à-vis d'autres fonctions dans l'entreprise, que son argumentation sur le robot ne tient pas et que si la comptabilité faisait sa paie à la main, il ne serait peut-être pas payé aussi régulièrement.

En ramenant Jérôme à une posture plus humble, il crée la possibilité d'un dialogue sur le fond (la forme choisie par Jérôme n'étant qu'une réponse épidermique à «l'agression» par mail de David), et donc plus constructif. Par ailleurs, il ne peut ignorer la véritable raison du problème qui a été énoncée comme une vérité («leur outil de flicage»). Voila une distorsion de réalité.

Comprendre

Les filtres

– Pour **Jérôme**, son métier c'est vendre, et le reste ne le concerne pas. C'est un franc-tireur qui estime que l'entreprise lui doit du respect car ce sont des gens comme lui qui font vivre les autres. Moins il en dit sur son portefeuille-clients et son activité, mieux il se porte : le discours qu'il tient et les résultats qu'il obtient devraient suffire à son employeur. Il pense qu'une partie de son pouvoir tient à la relation privilégiée qu'il a avec ses clients. Pas question de la partager ! Parallèlement, l'aspect nouvelle technologie lui paraît superflu et contraignant compte tenu de son âge : il a toujours été performant sans cela. En tant que franc-tireur, l'effort d'acquisition de cette nouvelle compétence lui paraît vraiment inutile.

– Pour **Pierre**, dans un monde où l'information est stratégique, l'informatisation est un facteur de performance commerciale incontournable. Par ailleurs, en tant que manager, il est important pour lui de pouvoir agréger rapidement l'ensemble des informations de son équipe. Son filtre lui dit aussi que tous les résultats quantitatifs ne se valent pas forcément, et que le qualitatif fait souvent la différence. Il a besoin de «monitorer» ses équipes au jour le jour, cela lui permet d'identifier rapidement les moyens à mettre en œuvre : à la fin de l'année, c'est trop tard. Être jugé sur ses résultats n'exonère pas un salarié d'être contrôlé par son boss qui doit s'assurer que les efforts sont fournis pour ne pas avoir à constater trop tard que le résultat ne sera pas au rendez-vous.

Les interactions

Entre Jérôme et Pierre, les interactions dans cet échange sont nombreuses. En toile de fond, une relation de pouvoir entre celui qui veut manifester son indépendance et celui qui doit jouer son rôle de chef, c'est-à-dire obtenir le comportement désiré de la part de son collaborateur : donc, un premier niveau de rapport de force se joue derrière cet entretien.

Pierre a choisi de ne pas rentrer dans une relation hiérarchique qui serait un choix facile, car son filtre n'est pas «je suis le chef, on doit m'obéir». Son filtre est plus «je préfère être aimé et respecté pour mon écoute». Il prend donc en compte la personnalité de Jérôme, et va essayer de le convaincre sur l'amélioration de sa performance, rendue possible par l'outil informatique.

Enfin, le fait que Pierre ait été court-circuité par David, qui a envoyé une «note agressive» à son équipe, l'amène naturellement à ne pas jouer la voix de son maître et essayer un autre registre pour ne pas crisper Jérôme. Parallèlement, dans cette situation, il peut aussi facilement et naturellement jouer la complicité contre David en disant : «Je sais bien, que veux-tu que je te dise...»

Les normes

Concernant les changements, la norme instituée bien involontairement en son temps par le président de l'entreprise est : «Le président a tendance à être technophile. Il veut toujours imposer les derniers gadgets à la mode, mais cela passe vite...»

L'attitude non persévérante de la direction en ce qui concerne les changements de méthode, appuyée par un certain niveau de succès de l'entreprise, a généré une résistance passive au changement qui est devenu un lourd handicap. Cela explique la position relativement ferme de Jérôme : la norme lui donne raison...

Imposer une nouvelle norme qui fonde le succès sur la capacité de changement ne va pas être facile.

Décider

Pierre décide de rebondir sur la remarque de son commercial : le convertir en ferait le meilleur exemple pour les autres.

Agir

Il va donc utiliser des techniques de ventes classiques, notamment essayer que Jérôme soit convaincu par lui-même grâce à une bonne technique de questionnement.

> Pierre : «Qu'est-ce qui vous gêne dans l'utilisation de ce logiciel, vous avez du mal à l'utiliser, à aller vite, vous n'avez pas eu de formation ?
> – Si, mais le temps passé à faire les comptes rendus est délirant, on cherche à nous transformer en assistantes commerciales !
> – Vous pensez que vous pourriez utiliser ce temps plus efficacement ?
> – On ne peut pas nous demander d'être réactifs, impliqués, "au service total du client" et nous donner des contraintes administratives permanentes.»

Notez ici toutes les généralisations faîtes par Jérôme : «*on* nous demande», «contraintes administratives *permanentes*». Ici, si Jérôme croit ce qu'il dit, Pierre devrait «creuser» chaque généralisation : qui «on»? Quelles contraintes? Etc. Mais l'intuition de Pierre lui fait penser que le problème est peut-être ailleurs… il va tenter de proposer à Jérôme une interprétation de son mal-être.

> Pierre : «Ce que vous cherchez à me dire, c'est que vous ne comprenez pas l'intérêt de ce que l'on vous demande, c'est bien cela?
> – Absolument, je suis certain que votre prédécesseur n'a jamais regardé un de mes comptes rendus de visite, alors quel est vraiment l'objectif??? Vérifier que l'on fait notre quota de

rendez-vous??? Désolé, mais j'ai passé l'âge d'être chaperonné...

– Jérôme, si j'arrive à vous démontrer que ce système n'a pas pour vocation de vous fliquer mais de vous aider et de faire gagner du temps à l'ensemble des équipes de l'entreprise, pensez-vous que cela serait de nature à vous faire changer d'avis?

– Ah, ah, ah, dites toujours, mais vous allez avoir du mal à me convaincre...»

Jérôme tente ici la «technique de l'édredon» : «Dites toujours, mais j'écoute sans m'impliquer, *je ne m'engage pas à être prêt à changer d'avis.*» Or, ce qui va tout changer dans la réussite de la démarche de conviction entreprise par Pierre, c'est précisément cet *engagement*... Pierre va utiliser une image, une métaphore pour faire comprendre à Jérôme que tout le monde résiste a priori au changement, mais que l'ouverture d'esprit reste cependant nécessaire pour faire avancer le monde. Il faut qu'il obtienne un engagement de la part de Jérôme.

«Vous savez, Jérôme, quand les gens qui ont inventé le fax ont fait leur étude de marché pour savoir si cette machine avait un avenir, les gens répondaient : "Pourquoi investir de l'argent dans ce gadget? Si j'ai le temps, j'écris un courrier, si c'est pressé, je téléphone, votre machine ne sert donc à rien, vous n'en vendrez jamais". Je vous repose donc ma question : si j'arrive à vous démontrer que ce système n'a pas pour vocation de vous fliquer mais de vous aider et de faire gagner du temps à l'ensemble des équipes de l'entreprise, pensez-vous que cela serait de nature à vous faire changer d'avis?

– OK, je vous écoute.»

Pierre ayant alors créé un climat d'écoute va dérouler son argumentation sur les aspects positifs de la démarche (gain de temps dans la relance des clients et des prospects, réunion en conference call avec Webcam, aide à l'autonomie sur son secteur par la mise à disposition en temps réel de l'information, relations plus faciles avec les achats et la logistique, réactivité chez les clients). Il conclut en donnant deux exemples de performance réussie chez des commerciaux ayant déjà mis à profit le système.

POINTS CLÉS

Savoir accepter le changement et ses conséquences psychologiques : le système d'information est devenu stratégique. Pourtant, dans beaucoup d'entreprises, l'installation d'un nouvel outil informatique est considérée comme une punition. Ce sentiment est souvent conforté par l'aspect autocratique de la décision, la non-remise en cause des choix et des options devant les dysfonctionnements, la pression descendante et sans discernement du management, le stress devant les délais qui s'allongent pour réaliser des tâches auparavant maîtrisées ou pour répondre positivement aux réclamations clients, sans compter l'explosion du budget d'investissement initialement prévu, etc.

Cela peut être assimilé à une situation de crise : les managers doivent supporter le mal-être des équipes qui remettent en question les choix de la hiérarchie, qui subissent le poids des heures supplémentaires pour arriver à maintenir un bon niveau de productivité, etc. Cela doit donc être géré comme une crise : tout le monde doit se serrer les coudes, se mobiliser sur la satisfaction client et éviter de tomber dans une logique de complaintes et d'excuses.

Les distorsions de réalités : pour manipuler Pierre, Jérôme utilise des méthodes plus ou moins conscientes de distorsion de la réalité. Des informations vagues présentées comme des vérités («on nous demande»), des généralisations abusives présentées comme des vérités («contraintes administratives permanentes»), des équivalences complexes pour conforter des jugements («comme votre prédécesseur n'a jamais regardé les comptes rendus, cela prouve bien que cela ne sert à rien si ce n'est à nous fliquer»), des lectures de pensée («il nous menace»).

Il est important de bien repérer dans un entretien les distorsions de réalité dont les plus faciles à voir sont les généralisations.

.../...

POINTS CLÉS (suite)

Le contre-exemple : si Pierre conclut par deux exemples concrets de commerciaux ayant réussi, c'est pour contrer les généralisations de Jérôme. Il suffit d'un contre-exemple pour déstabiliser un argumentaire fondé sur une généralisation.

Management à poigne ou management consensuel?

Modes de management

*Persuasion et conviction :
les deux moteurs du management positif*

*Ne pas essayer d'imiter l'autre sur des qualités
dont on ne dispose pas*

Sortir de la «normalité»

La situation

Le directeur commercial pense que les commerciaux de l'équipe de Pierre, notre directeur régional, profitent de son management laxiste. Il l'a convoqué pour un recadrage.

David : «Pierre, je me permets de vous faire une petite remarque sur votre équipe de briscards que je connais bien. Il se trouve qu'ils utilisent peu le nouveau "joujou informatique" du président. Si vous ne leur rentrez pas dedans, ils vont vous manger tout cru.»

Comme les mots en disent long… David ne croit pas au système. Donc, son argumentation ne peut tenir que dans l'autoritarisme, l'injonction comportementale : «Faites ceci, cela, etc.»

> Pierre : «Oui j'ai eu vent de votre note. J'en ai déjà parlé à plusieurs d'entre eux, et je pense les avoir convaincus.
> – Vous pensez les avoir convaincus??? Mais enfin Pierre, vous êtes trop gentil. Vous savez, ce sont des loups qui ne vous rateront pas. Vous devez décider et imposer vos idées pour vous faire respecter.
> – Ou détester...
> – Vous n'êtes pas ici pour vous faire aimer, Pierre. Moi, ils me détestent, mais ne discutent pas et bossent... C'est comme cela que vous vous ferez respecter.»

Les acteurs

- Pierre : protagoniste
- David : protagoniste
- Commerciaux : groupe de référence
- Président : instigateur

Appliquer la méthode F.I.N.

Analyser le risque

David est en train de coller à Pierre une étiquette de «manager gentil» c'est-à-dire «faible» à ses yeux. Le risque est important car si Pierre n'est pas crédible aux yeux de David, en dehors de risquer de perdre son job, il va perdre son autonomie et être monitoré de près. Chaque signe de faiblesse sera l'occasion d'être remis en question.

Pierre pense que la méthode autoritariste fonctionne tant que le chef est là. Dès qu'il a le dos tourné, plus personne n'applique ses consignes car les gens sont devenus irresponsables, ils sont infantilisés. Ils attendent les ordres du chef mais n'ont pas acheté la solution «intellectuellement». Ils se mettent en observateurs plutôt qu'en acteurs.

Cependant, Pierre sent aussi qu'il faut des résultats : il sait que le laxisme fait exploser les équipes.

Comprendre

Les filtres

- Pour **David**, les deux filtres à l'œuvre sont les suivants : la gentillesse est considérée comme de la faiblesse, et la concertation comme une incapacité à décider.

- Pour **Pierre**, l'adhésion passe par la conviction. Convaincre et persuader sont les deux moteurs du management positif. Ils sont nécessaires pour emporter l'adhésion. Convaincre pour étayer une opinion, persuader pour donner envie d'agir. Les deux sont nécessaires pour entraîner l'action.

Les interactions

Avec des filtres aussi antinomiques, les interactions sont nécessairement complexes.

La réaction de Pierre a conforté ce que pense David : «Pierre essaie de convaincre… mais depuis quand doit-on convaincre ses salariés de faire leur boulot?»

Pierre doit prendre un risque s'il ne veut pas contrer David sur le fond : il doit accepter de passer pour incapable de pratiquer la méthode dure. C'est effectivement le cas, mais l'avouer est prendre un risque vis-à-vis de David qui ne semble respecter que la force. Aussi, doit-il le faire avec intelligence en valorisant les qualités réelles de David. Et en s'appuyant sur les filtres de succès de ce dernier, notamment la chose la plus importante : le résultat.

Les normes

La norme en vigueur ici est que les commerciaux sont considérés comme des francs-tireurs qui se moquent de l'entreprise à laquelle ils appartiennent. Il faut les traiter comme des mercenaires, en oubliant les belles intentions du management moderne : esprit d'équipe, adhésion à un projet commun, etc.

Cette norme pèse énormément dans le jugement de David à l'égard de Pierre. Pierre veut *manager contre la norme*, ce qui est par définition dangereux pour David qui devra remettre la norme en question si Pierre réussit.

Pierre doit donc s'attendre à des sarcasmes importants dans les prochaines réunions si les commerciaux ne se mettent pas à utiliser leur outil informatique.

Décider

Pierre va donc être obligé d'affirmer son mode de management contre la norme en s'appuyant sur le filtre de David : le résultat.

Il choisit d'utiliser une méthode imparable : le défi. «Si je n'y arrive pas je vous demanderai de m'aider, mais vous verrez qu'avec ma méthode j'obtiendrai des résultats.»

Agir

> Pierre : «David, je comprends bien que vous essayez de m'aider, de me guider, mais vous conviendrez que, dans l'action, chacun doit faire avec ses armes pour être efficace. Je n'ai peut-être pas encore votre autorité naturelle, ou la crédibilité liée à votre expérience, donc je compense différemment. Je me permettrai de vous solliciter quand il faudra être plus direct, c'est-à-dire si les résultats ne sont pas au rendez-vous. Qu'en pensez-vous ?»

Décortiquons la technique de Pierre. Il prête à David des intentions que ce dernier ne peut renier : «Vous essayez de m'aider, de jouer votre rôle d'animateur» (et non de me piéger, de me mettre de la pression). Puis il lui propose une approche dans son filtre : seul le résultat compte.

David : «OK, Pierre, je veux qu'à la fin du mois tout le monde utilise pleinement le système.»

POINTS CLÉS

La conformité à la norme : ne pas se conformer à la norme est toujours difficile car votre comportement vous exclut de fait du groupe ou de toute évolution possible, sauf à faire changer les normes. Il se peut aussi que des normes plus générales vous aident à repousser les lignes de l'organisation actuelle. Par exemple, dans le cas présent, les évolutions sociologiques globales jouent en faveur de Pierre : d'une manière générale, les salariés demandent de plus en plus à être reconnus et partie prenante des décisions plutôt que de simples exécutants. Dans ce contexte, le mode de management de Pierre semble plus adapté que celui de David. À terme, l'organisation devra se plier à la norme générale pour pouvoir recruter des équipes de talent.

Situation 11
Peut-on refuser une promotion ?

Le désengagement professionnel
La projection de pensée
La préparation au changement
Le syndrome de l'imposteur
Sentiment personnel et relation professionnelle

La situation

Pierre, notre responsable régional, apprécie beaucoup une commerciale de son équipe qui le soutient depuis le début : Claire. Il a l'occasion de lui proposer une promotion et l'a convoquée pour lui annoncer la bonne nouvelle.

> Pierre : «Claire, cela me fait réellement plaisir de te voir.»

Pierre a un peu trop appuyé sur le réellement. Claire pourrait avoir des doutes sur sa démarche (est-ce qu'une dimension extra-professionnelle pourrait se cacher là-dessous?).

Claire : «Mais moi aussi Pierre... tu as souhaité me rencontrer d'urgence, que puis-je faire pour toi?

– Voilà, une place est à prendre aux relations comptes stratégiques de notre territoire [fonction transversale dépendant de la cellule grands comptes au niveau national et de Pierre au niveau régional]. J'ai tout de suite pensé à toi : meilleur salaire, poste plus intéressant, nécessitant de réelles qualités d'écoute et d'analyse. Qu'en penses-tu?» (Sourire de Pierre pensant faire un cadeau somptueux à Claire et attendant un geste d'enthousiasme, tel un parent offrant un cadeau à son enfant.)

Les acteurs

- Pierre : protagoniste
- Claire : protagoniste
- Enfants de Claire : groupe de référence et arbitre par le temps qu'elle souhaite leur accorder
- Hiérarchie de Pierre : arbitre et instigateur de la pression

Appliquer la méthode F.I.N.

Analyser le risque

Pierre gère ici de manière quasi autoritaire la carrière de Claire. Il lui présente cela de manière paternaliste, comme une bonne surprise, ce qui génère immédiatement de la suspicion.

N'ayant pas les tenants et les aboutissants de ce changement, Claire peut décliner cette offre. Pierre risque d'essuyer un refus qui le mettrait dans l'embarras vis-à-vis de sa hiérarchie et créerait des problèmes dans ses relations à venir avec Claire.

Claire (hésitante) : «C'est gentil Pierre, mais, ce poste serait à pourvoir pour quand exactement?

– Dès le mois prochain!

– OK. Écoute, Pierre, je vais réfléchir... Je peux te donner ma réponse dans combien de temps ?

– (Déçu et avec un ton un peu acerbe) Écoute Claire, hélas il faut aller assez vite et je me suis un peu battu en interne pour que tu obtiennes ce poste. Je ne pensais pas que cela te demanderait tellement de réflexion.»

Comprendre

Les filtres

- **Claire** souffre de ce que l'on appelle le syndrome de l'imposteur : elle n'est pas sûre que ses succès reviennent à son mérite. Peut-être sont-ils dus à la chance ? Aussi, cette promotion soudaine lui fait peur, elle craint de ne pas être à la hauteur. Parallèlement, elle a peur des surcharges de boulot, l'augmentation n'est pas substantielle, et c'est compliqué de manager ses anciens copains sur certains dossiers. Ces deux filtres expliquent sa réaction timide.

- Pour **Pierre**, toute promotion est la rançon de la performance, elle est la preuve de la confiance du manager et de l'entreprise dans le salarié promu : refuser une promotion est un signe de désengagement, de future démission. Aussi, avec ses lunettes, il interprète la réaction de Claire comme un désaveu.

Les interactions

Pierre a surpris Claire, qui s'est donc retrouvée brutalement face à ses peurs. Il ne l'a pas préparée, il ne lui a pas expliqué pourquoi il pensait qu'elle était la mieux placée pour ce job, pourquoi elle et pas un autre, il ne l'a pas rassurée. Il a fait une erreur en ne mentionnant pas leur précédente conversation où elle exprimait ses peurs par rapport à son emploi du temps trop chargé (voir situation 6).

Ensuite, il a été vexé de sa réaction : il a réagi comme un amoureux éconduit et n'a pas cherché à comprendre Claire. Ce faisant, il ne l'a pas aidée et sa première réaction de rejet n'a fait qu'accentuer le problème.

Le fait qu'il se soit battu en amont pour mettre Claire en pole position des salariés pouvant tenir le poste est normal, tout comme le fait de ne pas en avoir informé Claire avant d'être sûr que cela serait accepté en interne. Par contre, il semble qu'il ait pris des engagements vis-à-vis de sa hiérarchie, et cela le met mal à l'aise.

Les normes

La réaction de Claire est d'autant plus marquée que la norme de l'entreprise sur les promotions à des postes stratégiques est : «D'abord l'ancienneté et si possible des hommes».

Aussi, la démarche de Pierre alimente les soupçons de Claire sur le fait que Pierre peut la favoriser pour d'autres motifs que professionnels, ce qui ajoute de l'eau à son moulin, son sentiment d'imposteur. En plus, elle ne souhaite pas décevoir Pierre.

Décider

Pierre sent bien que le flot d'adrénaline qui coule dans ses veines le fait mal réagir, il décide de se donner du temps pour mieux réagir.

Agir

> Pierre : «Je te donne jusqu'à la fin de la semaine, cela te convient ?
> – OK.»

Le lendemain, Claire exprime avec clarté tous ses doutes à Pierre et lui rappelle leur entretien sur la garde partagée. Ce dernier est flatté par la confiance et la sincérité dont fait preuve Claire à son égard. Aussi, après avoir commencé à la rassurer, il lui propose de dîner avec lui le soir pour aller au bout de la question. Claire, étonnée, n'ose pas refuser de peur de rompre leur bonne relation.

POINTS CLÉS

La préparation du changement : dans le monde profession-nel, où les normes et les suspicions règnent souvent en maîtres, beaucoup de gens ont besoin d'être préparés, voire demandeurs du changement que vous prévoyez pour eux. Cela est vrai même pour une promotion : les bonnes nouvelles aussi doivent être préparées !

Demander à quelqu'un de s'enthousiasmer pour une pro-motion alors qu'il n'en connaît pas l'ensemble des consé-quences est impossible. Lui demander de dire oui pour qu'il s'engage sur un avenir incertain est impensable.

Combien de fois avons-nous vu des salariés dire non à un système de rétribution plus favorable parce qu'ils savaient ce qu'ils perdraient mais ne percevaient pas clairement ce qu'ils gagneraient…

Peut-on inviter un(e) collègue à dîner sans ambiguïté ?

*Régler un problème par avance, hors contexte,
et déclencher une situation*
La frontière évolutive entre le professionnel et le privé
L'analogie contre la norme

La situation

Pierre a convaincu sa collaboratrice Claire d'accepter une promotion. Cela s'est fait au cours d'un dîner : Claire a pu librement exprimer ses peurs, et Pierre a pris le temps de la rassurer point par point. Pierre explique son succès à David, son boss direct.

David : «Alors Pierre, vous avez trouvé notre futur responsable des comptes stratégiques ?

– Je crois que oui, j'ai dîné hier soir avec Claire qui m'a confirmé être d'accord.

– Vous faites des heures supplémentaires ? Vous ne pensez pas que, premièrement, c'est donner beaucoup trop d'importance à la situation que d'inviter votre subalterne à dîner, et que, deuxièmement, cela donne l'impression que c'est vous qui la suppliez?»

Les acteurs

- Pierre : protagoniste
- David : protagoniste
- Claire : instigateur

Appliquer la méthode F.I.N.

Analyser le risque

Pierre vient de se faire piéger. Il risque de réagir agressivement, ce qui ne serait pas bon, évidemment.

Pourquoi Pierre s'est-il cru obligé de préciser que c'est au cours d'un dîner que cette conversation a eu lieu? En fait, le phénomène est assez classique et se passe dans les limbes d'un semi-inconscient : Pierre pense que cela peut se savoir un jour, et comme il sait que sa démarche n'est pas tout à fait dénuée d'intérêt «non professionnel» vis-à-vis de Claire, il se dit naïvement qu'en affichant au grand jour son dîner il éloigne tous les soupçons. Par ailleurs, comme lui-même n'est pas convaincu de la faisabilité de ses projets intimes, c'est une manière de conjurer son sentiment amoureux naissant.

Hélas, le résultat n'est évidemment pas celui escompté car les filtres de David et les normes de l'entreprise sont autres...

Comprendre

Les filtres

- Pour **David**, il ne peut pas y avoir de relations floues. La frontière entre le professionnel et le personnel doit être marquée clairement. Cela permet aux salariés de se positionner de manière claire et ils ont besoin de cette simplicité. Par ailleurs, une promotion ne se refuse pas, être obligé de la «vendre» est une incongruité.

- Pour **Pierre**, les choses sont évidemment différentes : il pense que les gens sont assez intelligents pour faire la part des choses et ne veut pas s'imposer des règles trop rigides qui infantilisent les personnes en leur posant des interdits et des tabous. Il pense qu'il faut motiver le collaborateur sur le nouveau job, que ce dernier ne doit pas se sentir obligé d'accepter une promotion car il risque le syndrome de Peters s'il atteint son seuil d'incompétence : «J'accepte un poste que je ne pourrais pas assumer, dans lequel je vais m'user et me rendre malheureux.»

Dans la réalité les deux démarches peuvent être valables : en fait, il est fondamental dans les deux cas d'expliquer aux salariés les règles du jeu pour qu'ils comprennent ce qu'on attend d'eux. Le non-dit est parfois lourd de conséquences en termes d'incompréhension.

Les interactions

David avait «flashé» sur Claire, mais s'est toujours interdit tout écart de conduite. La démarche de Pierre vient d'autant plus le heurter.

Entre Pierre et David, une relation de mâles rivaux vient de s'installer. Tous leurs rapports sont conflictuels, mais David n'a pas encore assez de recul pour «coincer» Pierre sur son filtre de performance : le résultat. Or, comme il clame à tout le monde qu'il ne juge que là-dessus, il ne peut pas s'appesantir sur les remarques concernant les moyens ou les manières de manager.

Pierre n'est évidemment pas au courant de ce regard protecteur que David a sur Claire, il ne comprend donc pas la réaction vive de David. Il l'interprète comme une agression personnelle de son style de management, sachant qu'il se sent lui-même un peu coupable de cette démarche à la frontière du management et de l'intérêt personnel.

Les normes

Les soirées sont privées, l'entreprise n'a jamais permis à un manager d'imposer des réunions le soir.

Parallèlement, les «histoires sentimentales» ne sont pas admises dans l'entreprise et sont considérées comme des fautes professionnelles. Pierre ne peut donc se rattacher à aucun précédent. Il va cependant falloir trouver une justification qui se tienne.

Décider

Pierre décide de ne pas céder au facile «oui, vous avez raison cela ne se reproduira plus». Il souhaite défendre ses positions par une argumentation qu'il s'était déjà construite avant d'inviter Claire à ce dîner de travail.

Agir

Pierre : «C'est vrai David, dans l'absolu vous avez raison. Cependant, je pense que Claire a le parfait profil pour le poste et elle avait vraiment besoin d'être rassurée sur différents aspects du job. J'ai pensé que, pour elle et pour l'entreprise, il fallait la convaincre de ses propres capacités.

– Et vous pensez que cela ne pouvait se faire qu'au cours d'un dîner, ce qui donne un aspect très extra-professionnel à votre démarche? Décidemment Pierre, je trouve votre management très familier, voire trop familier...

– David, je comprends que cela puisse donner cette impression. Vous conviendrez avec moi que, parfois, sortir du bureau permet d'obtenir de vraies relations authentiques avec les gens et d'aller plus loin que dans le cadre strictement "bureau, bureau". J'ai pensé que cela était nécessaire. Le principe est le même que dans les conventions et séminaires commerciaux qui sont organisés régulièrement avec toutes les équipes hors du cadre classique.»

C'est bien joué, car Pierre a trouvé une analogie qui remet la norme en vigueur en question : il existe certaines situations où l'on retrouve ses équipes en dehors de l'environnement de travail.

> David : «Un déjeuner aurait fait l'affaire, Pierre, mais bon. Vous avez les chiffres du premier trimestre?»

POINTS CLÉS

L'opposition de normes entre vie privée et vie professionnelle : certaines entreprises sont intrusives dans la vie privée des salariés, elles créent de grandes communautés, tandis que d'autres sont à l'opposé. Ces normes jouent sur l'interprétation de votre propre comportement : dans le premier cas, si vous ne participez pas à la vie extraprofessionnelle de l'entreprise, on vous considérera comme non motivé, voire étrange; dans le second cas, toute tentative de voir des collègues en dehors du bureau se traduira par des sarcasmes d'incompréhension («on voit déjà assez ta tête toute la journée, on ne va pas en rajouter le soir»).

Enfin, quand votre démarche professionnelle est teintée de sentiment personnel, sachez faire la part des choses dans la réponse de votre interlocuteur. Il ne répond peut-être pas à autre chose qu'à l'aspect professionnel de votre démarche. Avec de l'honnêteté intellectuelle, cela ne pose pas de problème. Il suffit de recadrer sa réponse dans une logique purement professionnelle.

L'analogie contre la norme : enfin, comme avec les généralisations, une analogie peut servir à remettre en question une norme, si celle-ci n'est pas trop ancrée.

Tutoiement ou vouvoiement, distance ou familiarité?

Exprimer ses sentiments comme des vérités
Proximité, respect et familiarité
Le contre-exemple et la norme

La situation

David, le directeur commercial, convoque Pierre dans son bureau pour une mise au point sur les protocoles à suivre avec les équipes. Pierre arrive, interrogatif mais sur la défensive, le terme «mise au point» n'étant pas toujours porteur de bonnes nouvelles.

> David : «Pierre, vous allez croire que je vous en veux, mais je préfère vous dire les choses comme elles sont, cela permet de gagner du temps.»

David va affirmer *ses* vérités à Pierre, mais en les présentant comme universelles. Annoncer d'emblée que l'on va dire «les choses *comme elles sont*» met tout de suite de la tension dans l'échange : Pierre va pouvoir discuter ce point de vue, il va être sujet à palabres. Si David avait employé le terme «ressentir» («les choses comme je les ressens»), cela n'aurait pas fait appel à discussion : on ne peut pas discuter de ce que votre interlocuteur ressent. En plus, cela permet de mettre le débat sur soi, sur ce que l'on ressent et non sur la critique de l'autre par rapport à ses propres filtres.

> Pierre : «Je vous écoute David.
> – Ici le tutoiement ne se pratique pas avec les employés. Nous ne sommes pas une start-up et un minimum de respect vis-à-vis de vos employés est demandé. Vous pouvez être sûr que vous mettez certains de vos collaborateurs mal à l'aise en leur imposant un tutoiement dont ils ne comprennent pas le sens : vous n'êtes par leur ami, mais leur boss. Enfin cela crée des distorsions de pratiques avec les autres départements, ce qui apporte des questions existentielles inutiles quand il faut se concentrer sur l'essentiel : le résultat.»

Les acteurs

– Pierre : protagoniste
– David : protagoniste
– Équipe de Pierre : groupe référent de Pierre
– Toutes les équipes : groupe référent de David

Appliquer la méthode F.I.N.

Analyser le risque

Concernant le tutoiement, la pratique de Pierre n'est pas neutre. Sa force est de créer de la proximité, favorable à la création d'une bonne ambiance de travail d'équipe.

A contrario, cette proximité risque de se transformer en familiarité de la part de certains salariés, «peu éduqués», qui ne font pas preuve de discernement. Dans ce cas, le manager est obligé de recadrer les indélicats. Si le recadrage n'est pas très clair, les salariés ont l'impression d'une forme de double langage, voire de trahison de la part de leur chef.

Le vouvoiement peut aussi marquer une forme d'incapacité à créer de la proximité, une distance imposée par une peur de la gestion de la relation.

David porte le terrain de la critique là où Pierre ne l'attendait pas : il lui montre que des membres de son équipe sont potentiellement gênés de son attitude qu'il croyait conviviale à 100 %. Il risque d'être déstabilisé, hésitant, et donc montrant une faiblesse opérationnelle : il n'a pas envisagé toutes les conséquences d'un acte managérial qu'il pensait banal mais qui prend une dimension énorme. Une étiquette de manque de professionnalisme qui peut lui coller longtemps à la peau.

Autre risque dans la démarche de David: n'oubliez pas que la rancœur est la fille de la critique…

Comprendre

Les filtres

- Pour **David**, et comme il l'exprime très clairement, l'autorité passe par le respect, la distance, alors que le tutoiement favorise le copinage.

- Pour **Pierre**, l'esprit d'équipe, la solidarité se forgent dans la proximité. Le vouvoiement crée des barrières invisibles peu propices à cette dynamique.

Là aussi, il y a confrontation de deux visions du management opposées : difficile de se comprendre au premier abord.

Qui plus est, ces filtres n'ont pas forcément de fait générateur. Ils sont du pur domaine de l'opinion et trouvent leur justification dans la répétition des situations de succès de chacun. D'où l'impossibilité de convaincre l'autre.

Les interactions

Comme nous allons le voir, Pierre va commencer à bien interagir avec David en replaçant l'ensemble de ses réponses dans le filtre de ce dernier : seul le résultat compte. Là aussi, il va appuyer sa démarche sur le témoignage d'un client, qui est ce qui compte le plus pour David.

Les normes

La norme de l'entreprise est là aussi très forte : le vouvoiement, la tradition, le respect.

Pierre va cependant utiliser un «argument massue» : prendre un contre-exemple de la norme en utilisant le fait que certains collaborateurs sont tutoyés dans d'autres services. De fait, la norme est remise en question, elle est déjà pervertie. Dans ces conditions, difficile pour David de l'imposer sans l'imposer à tout le monde.

D'une manière générale, le contre-exemple s'avère toujours très utile pour reconstruire une norme.

Décider

Pierre décide encore de marquer ses positions et ses croyances managériales. Il va essayer de jouer sur le filtre de David et sur le contre-exemple de la norme et en s'appuyant sur des faits et non sur ses propres opinions.

Agir

Pierre : «J'entends tous ces arguments, David, et je les respecte complètement. Les raisons que vous mettez en avant sont pertinentes et je souhaiterais juste apporter ma contribution à cette recherche de résultat, si vous le permettez, bien sûr.

– Je vous écoute, Pierre.

– Vous mettez en avant dans votre communication vis-à-vis des clients notre esprit d'équipe à leur service, n'est-ce pas ?

– Certes, où voulez vous en venir ?

– J'ai déjeuné récemment avec notre premier client, Trotte-bien, suite à un rendez-vous en accompagnement terrain avec Stéphane. Ce client m'a fait passer un message qui m'a paru assez fort dans les termes suivants : "Je vois que vous êtes *enfin* passé au tutoiement au sein de vos équipes, c'est bien. Je dois vous avouer que quand votre prédécesseur vouvoyait son collaborateur, non seulement cela faisait vieux jeu, mais en plus cela me donnait l'impression qu'il n'y avait aucune soli-darité dans vos équipes." Et pour tout vous dire, j'ai moi aussi toujours l'impression que le vouvoiement sert à maintenir une distance qui n'est pas favorable à la création d'esprit d'équipe, de solidarité, d'entraide.

– Oui, mais le tutoiement qui génère de la proximité peut vite tomber dans le manque de respect. Les frontières devien-nent floues, et les gens deviennent facilement familiers. C'est pervers, car il doit toujours y avoir un chef et un subordonné, des parents trop "copains" perdent vite toute leur autorité sur leurs enfants.

– C'est un risque réel dont il faut avoir conscience pour l'anticiper. Paradoxalement, je pense gérer mieux ce risque que la distance que le vouvoiement impose. Enfin, c'est vrai que le vouvoiement se pratique partout, mais pas de manière uniforme : les autres régionaux tutoient certains de leurs colla-borateurs et pas d'autres.

– Oui, car ils étaient collègues avant leur promotion. Repasser au vouvoiement aurait été mal interprété.

– Je comprends bien David, mais ne pensez-vous pas que cela crée de fait des distorsions de comportement au sein de ces équipes : les "tu" se sentent dans une relation privilégiée par rapport aux "vous"...

– C'est vrai aussi.

– Dans ces conditions, le tutoiement est peut-être moins pervers s'il est généralisé au sein d'une équipe. Cependant vous avez raison, je testerai chacun pour voir si cela les gêne. »

POINTS CLÉS

Proximité et familiarité : il est toujours difficile de gérer la proximité sans tomber dans la familiarité. Avoir ces deux notions à l'esprit est important pour savoir réagir face aux comportements de vos collègues.

Bien sûr, recadrer quelqu'un est toujours un exercice difficile car la personne qui devient familière n'a pas assez de discernement pour se rendre compte qu'elle a franchi la barrière de la simple convivialité et du respect. Aussi, vous risquez de donner l'impression d'avoir un double discours si vous faites votre recadrage trop sèchement. Éduquer l'autre pour qu'il ressente la différence fait partie des actions nécessaires si vous avez choisi d'avoir des relations professionnelles avec un management convivial.

Une grossesse est-elle un non-événement?

Les interactions vie privée/vie professionnelle
Expliciter les questions que l'on pose
pour éviter les malentendus
Savoir recevoir les nouvelles importantes pour les autres

La situation

Anne-Laure, commerciale sympathique, entre dans le bureau de Pierre – qui garde toujours sa porte ouverte –, et après les formules d'usage, elle interpelle son manager :

Anne-Laure : «Pierre, il faut que je te parle d'un sujet délicat pour moi.

– Oui, j'ai 1/2 heure, tu souhaites que l'on se voie maintenant où que l'on prenne rendez-vous?»

De cette manière, Pierre valide l'importance de la révélation d'Anne-Laure. Si cela peut se faire tout de suite, l'importance est relative.

Anne-Laure : «OK pour tout de suite. Voilà, je te sais réellement gré de la confiance que tu m'as accordée en me recrutant il y a trois mois. Cependant, il m'arrive un événement très heureux dans ma vie personnelle mais au très mauvais moment dans ma vie professionnelle...»

Elle marque un silence gêné, peut-être en espérant que Pierre va l'aider. Devant son mutisme, elle inspire un grand coup comme pour se lancer dans une confession gênante : «Voilà, je suis enceinte.»

Les acteurs

- Pierre : protagoniste
- Anne-Laure : protagoniste
- Mari d'Anne-Laure : instigateur et arbitre

Appliquer la méthode F.I.N.

Analyser le risque

Évidemment, Pierre a compris ce qu'Anne-Laure avait à lui dire avant sa «confession» : son silence n'était dû qu'à la prise de recul qu'il souhaitait avoir pour réagir de la meilleure manière possible.

Le risque que Pierre réagisse impulsivement est important : il vient de recruter Anne-Laure et elle attend la fin de sa période d'essai pour annoncer sa grossesse. S'il réagit mal à un moment de grande sensibilité psychologique d'Anne-Laure, la relation de confiance sera altérée durablement.

Comprendre

Les filtres

- Le filtre d'**Anne-Laure** : «J'ai peur de casser la confiance que Pierre a mise en moi.» En effet, à peine la période d'essai terminée, annoncer à Pierre sa grossesse lui paraît comme une trahison envers l'homme et la structure qui l'ont embauchée. Or, elle n'envisage pas de travailler à son retour dans un environnement dénué de confiance. En fait, elle pense sincèrement à présenter sa démission, comme nous allons le voir dans la suite de la conversation.

• **Pierre** a déjà vu des femmes enceintes prendre des congés pathologiques pas forcément justifiés. En réalité, elles fuyaient un patron autocratique qui leur en demandait encore plus du fait de leur départ prochain… réaction hélas trop classique. Ménager Anne-Laure pour qu'elle comprenne qu'il fera attention à elle et qu'elle puisse s'investir jusqu'au bout dans les meilleures conditions psychologiques est la pensée managériale de Pierre. Par ailleurs, il ne peut pas réellement se déjuger : il l'a recrutée parce qu'il croyait en elle, le fait qu'elle soit enceinte n'y change rien.

Les interactions

Le mari joue ici un rôle important : il peut expliquer à Anne-Laure qu'il faut profiter du système; il va jouer son rôle de protecteur s'il a de l'influence sur elle et si Pierre ne joue pas ce rôle. S'il voit sa femme se mettre en quatre pour un patron peu reconnaissant, il peut lui conseiller de lever le pied, de ne pas mettre en danger sa santé et la vie de son enfant pour «cette boîte de…»

Dans ce contexte, Pierre doit absolument connaître les tenants et les aboutissants de cette interaction. La grossesse touchant à la fois la vie professionnelle et personnelle, il a besoin de comprendre les interactions fortes de la vie personnelle d'Anne-Laure qui vont conforter ou briser le comportement au départ optimiste et engagé d'Anne-Laure.

Les normes

Deux ou trois expériences de jeunes femmes hyperbosseuses revenues moins motivées après leur grossesse ont créé la norme suivante : «La grossesse métamorphose les femmes d'un point de vue hormonal». Quand elles deviennent «mères», elles ne sont plus carriéristes : plus question de faire une réunion après la sortie de l'école, les absences pour enfant malade viennent désorganiser les services les mieux rôdés, etc.

Il existe également une norme sociétale : toute femme a «honte» de révéler à son employeur sa grossesse. Derrière une grossesse se cache le sentiment diffus de «lâcher l'équipe, de faire passer sa vie privée avant sa vie professionnelle, de coûter cher à l'entreprise, etc.» De fait, cela ralentit souvent les carrières…

Il semble donc que la norme générale entretienne ce sentiment de culpabilité des femmes enceintes.

Décider

Pierre décide de réagir positivement, car de toute façon il n'a aucun impact possible sur l'événement, si ce n'est le positiver et prendre la situation à son compte.

Agir

Pierre : «Je suis très content pour toi Anne-Laure, et rassure-toi, il n'y a pas de "bon" ou de "mauvais" moment professionnel pour être enceinte. Le tout c'est de bien s'organiser pour que cela se passe au mieux.

– Ta réaction est très sympa Pierre, mais tu sais je suis vraiment très gênée, je viens à peine de finir ma période d'essai, aussi, si tu veux ma démission je te la signe tout de suite.»

Pierre qui pensait avoir contrôlé au mieux son sentiment de déception se demande si elle a encore quelque chose à annoncer.

Pierre : «Tu es très gênée de quoi, Anne-Laure?

– Je ne voudrais pas te mettre dans l'embarras.

– Rassure-toi, tu n'es pas la première à être enceinte. Il faut que cela soit un moment de bonheur pour toi, alors profites-en. Il te reste combien de temps avant ton congé?»

La conversation suit son cours et Pierre essaie de bien comprendre la psychologie d'Anne-Laure pour la rassurer et la mettre à l'aise, ce qui étonne et encourage cette dernière. Au cours de la conversation surgit cette question qui la déstabilise :

Pierre : «Au fait, qu'en pense ton mari?

– Hé bien, il est ravi.

– Je n'en doute pas! Tu avais l'air angoissée de me l'apprendre, peut-être avais-tu parlé de cette peur avec lui?

– Non, tu sais, je pense qu'il me croit assez grande pour me défendre toute seule si j'ai des ennuis.»

On voit ici comme les filtres des uns et des autres peuvent générer de l'incompréhension quand ils ne sont pas tous explicités, même dans des discussions positives et conviviales. Une simple question peut être déstabilisante, passer pour de la curiosité malsaine. D'où une réponse sèche qui fait penser à l'autre que vous avez quelque chose à cacher. Et là, il commence à se raconter des histoires sur ce que vous cachez…

POINTS CLÉS

Savoir recevoir une nouvelle importante pour l'autre : les événements heureux ou malheureux de certains peuvent avoir des effets collatéraux sur votre propre tranquillité. La grossesse est typiquement l'événement personnel qui impacte sur le plan professionnel. Mais d'autres événements sont tout aussi importants : le mariage, le divorce, les déménagements, le décès d'un parent, gagner au loto…

Quoi qu'il en soit, dans tous les cas, prenez une posture qui montre votre réel intérêt pour l'autre, plutôt que de montrer que cela pose des problèmes dans votre propre vie. Cette attitude sincère sera toujours favorable à un esprit d'échange, l'autre protagoniste cherchant naturellement en retour à vous aider.

Il n'y a rien de plus décevant quand vous annoncez une nouvelle importante pour *votre* vie que de voir l'autre réagir par rapport à *sa* vie.

Avoir sa porte ouverte n'est pas synonyme de disponibilité !

Le déni
L'impact des consultants externes
L'auto-évaluation
Dire des vérités de manière assertive

La situation

La disponibilité de Christine, la directrice marketing, est remise en cause par un consultant : les questionnaires remplis par les salariés font ressortir son manque de disponibilité...

Christine : «Pierre, il y a quelque chose qui m'étonne. Tu sais que je suis reconnue pour avoir tout le temps ma porte ouverte. Tout le monde peut rentrer et me parler de ses problèmes, oui ou non ?

– Tout à fait Christine, pourquoi cette question ?

– Je tombe des nues ! Le résultat de l'enquête interne réalisée par le consultant me reproche mon manque de disponibilité ! Je n'en crois pas mes oreilles. Ce sont vraiment des charlatans...»

Les acteurs

- Christine : protagoniste
- Le consultant : protagoniste absent
- L'équipe de Christine : instigateurs
- Pierre : témoin

Appliquer la méthode F.I.N.

Analyser le risque

Apparemment, Christine ne se remet pas en question. Et pour cause! On attaque précisément ce qu'elle pense être son point fort, ce sur quoi tout son mode de management est basé. Ce phénomène de déni est souvent repérable dans les événements qui vous impactent émotionnellement et il exige une remise en cause majeure. Il s'agit parfois de la première étape du fameux processus de deuil (choc, déni, refus/révolte, acceptation/abnégation, reconstruction).

Le risque pour Pierre ici est de défendre la position du consultant alors que visiblement Christine n'est pas prête à recevoir le message. Cela risque de compromettre durablement leurs relations.

Comprendre

Les filtres

- À travers ses lunettes, **Christine** a l'impression de donner tout à tout le monde, d'être débordée, de n'avoir plus de temps pour elle... et en plus on lui reproche son manque de disponibilité! Un comble!!! En fait, si Christine est sincère dans son analyse, elle n'a pas réellement conscience de l'avantage énorme qu'elle trouve dans cette situation : elle a l'impression d'être débordée et elle aime ce sentiment d'avoir toujours plein de choses à faire, cela lui donne l'impression d'exister. Ensuite, inconsciemment, elle pense que cela lui donne une bonne excuse pour ne pas être efficace, car comme elle donne tout à tout le monde, elle n'a plus de temps pour elle : qui pourrait bien le lui reprocher ? Persuadée d'être appréciée pour ce temps qu'elle donne, elle se sent protégée et dans son bon droit. Les résultats de l'analyse la mettent réellement en danger et lui montrent que son comportement est destructeur alors qu'elle le croyait gagnant.

• Pour **Pierre**, Christine est une belle parleuse qui dit oui à tout, mais qui a toujours une raison pour ne pas tenir ses engagements. Il pense que cette attitude est préjudiciable au bon fonctionnement de l'entreprise, même si il lui reconnaît des qualités humaines qui contribuent indéniablement à créer une bonne ambiance entre les services.

Les interactions

Typiquement, Christine n'adresse pas ses reproches à la bonne personne : c'est au consultant qu'elle devrait s'adresser. Ce type de démarche est assez fréquent : pour résoudre un problème avec quelqu'un, on se plaint auprès de quelqu'un d'autre. «Tu ne sais pas ce qu'il m'a fait, je n'en crois pas mes oreilles…» On cherche des appuis mais on ne résout évidemment rien. D'ailleurs, on augmente en fait souvent le problème car les bruits de couloirs s'amplifient et reviennent déformés aux oreilles du fameux interlocuteur qui n'est ensuite plus très enclin à une discussion sereine sur le problème, etc.

Christine se plaint à Pierre car leurs relations précédentes ont convaincu Christine de la qualité d'écoute et d'analyse de Pierre. Lui, en tant que nouvel arrivant, est en phase de séduction avec tout le monde et répond naturellement aux sollicitations d'aide.

En tout état de cause, la difficulté pour Pierre est que ce n'est pas réellement à lui de porter la responsabilité de cette conversation. Pierre est donc dans une situation délicate. Il va devoir s'en sortir.

Les normes

«C'est ce qu'on fait nous-mêmes qui est le mieux fait» : la norme du «*not invented here*» est aussi en vigueur dans la fabrication de cannes! Un consultant extérieur est par définition incompétent pour comprendre ce qui se passe en interne… d'où la «non-remise en question» de Christine.

Dans d'autres entreprises, les phénomènes de généralisation font que le consultant est synonyme de plan social, ou au contraire une marque de l'intérêt positif de la direction générale sur le sujet confié, etc.

Décider

Pierre ne souhaite pas encourager Christine dans son déni car il sait que, même si cela peut être une solution de facilité de la conforter pour mettre fin à cette conversation embarrassante, ce ne serait pas lui rendre service. Il veut donc l'aider à entendre ce que lui a dit le consultant. Il va donc utiliser une technique de questionnement, méthode classique pour faire réfléchir quelqu'un. Ensuite, il faut qu'il trouve un moyen de sortir de la démarche émotionnelle dans laquelle se trouve Christine.

Agir

Pierre : «Mais, Christine, en as-tu parlé avec le consultant?
– Oui.
– Quelle est son analyse?
– Il m'a donné le taux de réponse sur toutes les questions concernant la disponibilité et m'a demandé mon avis. Tu parles d'un professionnel!
– Il n'avait pas d'explications?
– A priori non, en tout cas il ne m'en a pas donné!
– Écoute, Christine, je suis récent dans l'entreprise et je n'ai pas d'explications non plus, mais j'ai déjà connu un cas similaire dans une autre entreprise, les explications ont été étonnantes.
– C'est-à-dire?»

Bien joué! Pierre, par cette manœuvre, va pouvoir désengager Christine du processus affectif de déni qui se serait emparé d'elle si Pierre l'avait critiquée personnellement. Ici, il ne s'agit plus d'elle. Elle va entendre l'histoire avec plus de recul, plus d'objectivité.[1]

«En fait, il s'agissait du principe de "qui trop embrasse mal étreint". La personne voulait absolument être disponible pour tout le monde, mais de ce fait n'était plus à l'écoute de personne. Les gens pouvaient rentrer dans son bureau, mais leur conversation était entrecoupée par trois coups de téléphone, et ils en ressortaient frustrés, avec l'impression de n'avoir été ni reconnus ni écoutés. Dans son exigence de disponibilité, il ne pouvait pas s'empêcher de répondre à son téléphone, tout en disant à son interlocuteur qu'il était en rendez-vous et donc en lui mettant la pression là aussi. Voila l'explication, à vouloir être trop disponible et *sur tout sujet*, il n'était plus réellement à l'écoute.

– Oui, c'est intéressant, cela pourrait effectivement me ressembler. Merci de cet éclairage Pierre. Je vais y réfléchir.»

POINTS CLÉS

L'auto-évaluation : l'image que vous avez de vous-même n'est pas nécessairement celle que les autres ont de vous. La disponibilité en est un exemple typique. Pensez à vous remettre en cause régulièrement, même sur ce que vous pensez être vos points forts, cela évite les dérives et les mauvaises surprises.

Dire des vérités de manière assertive (sans agressivité) : quand vous devez énoncer des vérités difficiles à dire à quelqu'un, essayez de partir des faits. Dans notre exemple, Pierre a montré qu'une qualité pouvait devenir un défaut. Il n'a pas nié la qualité de Christine, et donc cela a permis à cette dernière de recevoir la critique.

.../...

---

1. Il s'agit de l'un des principes de base de la communication ericksonienne.

POINTS CLÉS (suite)

Ensuite parlez avec vos émotions en ayant en tête l'intérêt de l'autre. Si vous allez vers lui pour l'aider, il le sentira dans vos mots et votre manière d'aborder les choses, et vous en sera reconnaissant.

Situation 16

Devenir copain avec des clients : bonne ou mauvaise pratique ?

Les relations de pouvoir
Aller contre la culture dominante
La forme et le fond

La situation

Un client appelle Pierre pendant que son boss David, directeur commercial, est dans son bureau. Ce dernier écoute la conversation en hochant son sourcil droit en signe d'étonnement. Dès que Pierre a raccroché, David enchaîne.

> – «Pierre, j'ai entendu votre conversation avec Mitalin, qui est un vieux client de la maison. J'ai cru comprendre que vous le tutoyez et que vous allez le voir ce week-end chez lui?!
> – Oui, j'ai créé un excellent relationnel avec Mitalin, nous nous apprécions réellement et sa femme est originaire de la même région que moi.

– Oui, oui, je comprends, mais cela me pose un léger problème...

– Comment cela ?

– Comprenez Pierre que cela peut avoir des conséquences gênantes sur votre relation professionnelle avec Mitalin qui représente un de nos gros clients.

– Ah bon, moi j'imaginais plutôt une forme de pérennisation de la relation.

– Très bien, mais imaginez que Mitalin vous demande une faveur sur les prix ou sur les délais de paiement parce que sa société connaît des difficultés, comment pourrez-vous la lui refuser ?»

Les acteurs

- David : protagoniste
- Pierre : protagoniste
- Client : arbitre et instigateur

Appliquer la méthode F.I.N.

Analyser le risque

Si David persiste dans sa démarche, il risque de demander à Pierre de prendre du recul, ce qui pourrait être mal perçu par son client Mitalin. Par ailleurs, Pierre bâtit sa performance commerciale sur cette proximité qu'il réussit à créer avec ses clients. L'en empêcher pourrait nuire à sa performance.

Comprendre

Les filtres

- **David** a été conditionné par la norme de l'entreprise («Il est dangereux de devenir ami avec son client»). Pour lui, les clients sont d'abord ceux de l'entreprise. Or, il a pleinement conscience – à travers son expérience antérieure –, que si Pierre est ami avec ses clients et que Pierre est débauché par la concurrence, l'entreprise a toutes les chances de perdre ses plus gros clients, ce qui est inacceptable.

- Pour **Pierre**, la réussite commerciale passe par le développement de ses réseaux. En cas de concurrence, c'est uniquement le relationnel qui fait la différence. Être ami avec ses clients, avec sincérité bien sûr, peut être un avantage indéniable pour pérenniser le business, même si on ne peut pas être ami avec tous ses clients. Paradoxalement, pour lui, l'amitié et la confiance vont de pair et exigent une performance professionnelle irréprochable, alors que d'autres s'autoriseraient le laxisme.

Les interactions

David ne veut absolument pas perdre la relation directe qu'il entretenait avec les grands comptes de l'entreprise. Il ressent la démarche de Pierre comme une intrusion dans son champ de prérogatives.

Pierre sent bien qu'une relation forte avec les clients le protégerait contre David qui n'aime pas ses méthodes de management.

Une lutte d'influence est engagée sur ce terrain, Pierre ayant intérêt à construire ses relations rapidement et David, dans sa logique, à endiguer la démarche tout de suite.

Les normes

La structure a été créée par deux anciens banquiers. La culture de leur établissement bancaire insistait beaucoup pour garder une distance importante et nécessaire dans la banque entre les clients et les employés. Quand ils ont créé leur entreprise de fabrication de cannes, ils ont appliqué ce modèle, qu'ils croyaient universel.

Cela a par ailleurs largement freiné leur développement commercial, les méthodes «anciennes» et normatives de la banque n'étant absolument pas transposables au monde de l'industrie.

Décider

Pierre décide donc d'essayer de défendre son point de vue coûte que coûte. Il n'imagine pas un instant devoir changer son mode de relation avec ses clients qui lui a tant servi jusqu'ici.

Agir

> Pierre : «Parce que je suis d'abord loyal envers mon employeur, et ensuite parce que si nous avons réellement noué une relation d'amitié, il ne me le demandera pas!
> – Vous êtes bien naïf, Pierre. Imaginez que sa conception de l'amitié soit différente, et que justement, parce que vous êtes amis, il ose vous le demander.»

David utilise le coup des lunettes roses, mais il fait une erreur stratégique : il traite Pierre de naïf, ce qui le met dans un état d'esprit agressif et non d'écoute.

> Pierre : «Si sa conception est différente, nous pourrons difficilement être amis et le problème ne se posera pas, qu'en pensez-vous?
> – Je pense que le risque est trop grand, et je vous demanderai à l'avenir de maintenir une certaine distance avec nos clients!»

David a conclu par une injonction autoritaire qui va se traduire par une relation faussée entre lui, Pierre et les clients gérés par Pierre. En effet, le filtre de réussite de Pierre est trop marqué pour qu'il suive la consigne de David. Il va donc continuer, et masquer ses relations.

David aurait dû procéder différemment. L'injonction comportementale ne peut pas aboutir à des résultats efficaces contre un filtre si fortement marqué.

Parallèlement, Pierre aurait dû partir du point de vue de David plutôt que de devoir justifier son point de vue. Il aurait pu par exemple demander à David s'il n'avait aucun ami ou relation plus personnelle parmi ses clients. Il est humain d'avoir des affinités avec certaines personnes et moins avec d'autres. En faisant réfléchir David, il aurait peut-être pu trouver un contre-exemple permettant de faire contrepoids à l'aspect intransigeant de David.

POINTS CLÉS

La culture dominante : si votre conception du management va à l'encontre de la culture dominante, soit vous devrez prendre votre mal en patience, soit seul votre succès garantira votre pérennité dans la structure.

Dans une entreprise qui réussit, chaque habitude, bonne ou mauvaise, est considérée comme une des composantes du succès. La remettre en question devient alors très compliqué car les gens ont peur de «casser l'alchimie» du succès. Il est important de ne pas prendre de front les habitudes, de construire son argumentation comme une continuité positive et non un changement majeur.

Attention à la forme des choses, elles trahissent souvent le fond. Il est parfois dit que «la forme, c'est le fond qui remonte à la surface». Quand David traite Pierre de naïf, on sent le mépris qui remonte du fond, l'absence de respect et donc l'impossibilité d'établir un rapport sain et sans frictions au moment où l'échange a lieu.

Je protège trop mes équipes

Management paternaliste et infantilisation
Le besoin de reconnaissance
Les limites de l'injonction comportementale

La situation

Pierre sort d'une réunion avec l'ensemble des commerciaux, au cours de laquelle ceux-ci se sont plaints de ne pas être au courant des problèmes de retard que risque de connaître le nouveau produit. David, le directeur commercial, leur a demandé d'où ils tenaient leur information, et trois d'entre eux ont mentionné une discussion avec Sylvie, l'assistante de Pierre.

Pierre : «Ah, Sylvie, je sors à l'instant d'une réunion avec les commerciaux et j'ai dû désamorcer la bombe que vous aviez lancée involontairement en parlant des problèmes rencontrés dans la fabrication du nouveau prototype et des retards que cela pourrait occasionner.
– Ah bon, mais à qui et quand en ai-je parlé?»

Les acteurs

- Pierre : protagoniste
- Sylvie : protagoniste
- David : arbitre
- Commerciaux : instigateurs
- Équipe des assistantes : groupe référent

Appliquer la méthode F.I.N.

Analyser le risque

Se sentant agressée et en danger d'être déconsidérée, Sylvie amorce une tentative de déni que Pierre va devoir évacuer rapidement s'il veut avancer dans une conversation sereine et réellement constructive où il sera question du vrai problème et non des arguties destinées à protéger son amour-propre…

Par ailleurs, il a été sermonné par son boss David sur la confidentialité nécessaire de certaines informations et sur le fait que Pierre devait être responsable des fuites dues à ses propres équipes. Aussi, il n'est pas d'humeur à jouer au chat et à la souris : son image d'intégrité est dans la balance.

Comprendre

Les filtres

- **Sylvie** a un filtre assez classique : «Je me sens à un poste qui n'est pas valorisant à mes yeux, j'ai besoin de parler pour me sentir utile et reconnue.» Avoir une information stratégique qui concerne l'autre alors que ce dernier n'est pas au courant vous donne de l'importance. Si vous lui révélez ce que vous savez, vous projetez une image valorisante («je sais des choses, je connais des gens, je suis importante»).

- Le filtre de **Pierre** est cohérent avec sa logique de management : «Mes équipes peuvent faire des impairs, mais je les protège : je suis protecteur, j'assume pour tout le monde.» Ce filtre de parent protecteur l'entraîne à tancer les auteurs de «bêtises», ce qui peut être difficile à vivre pour des adultes autonomes et responsables.

Les interactions

Finalement, cette conversation risque de ne pas aller là où réside le vrai problème : le manque de reconnaissance de Sylvie, son sentiment de dévalorisation qui est à l'origine de sa langue trop bien pendue, attitude qui lui sert à se donner de l'importance.

En fait, Pierre est culpabilisant et infantilisant dans son entrée en matière. En abordant Sylvie de cette manière, il la déresponsabilise complètement et va donc accentuer son sentiment de manque de reconnaissance. Il la met sur la défensive, et va donc «ramer» pour rétablir une conversation d'adulte, il conclura d'ailleurs par une injonction comportementale qui a peu de chance d'aboutir (il ne joue pas sur le filtre de Sylvie).

Enfin, comme il a défendu Sylvie, il attend d'elle un minimum de reconnaissance.

Les normes

La norme dite du «culte du secret» est en vigueur dans l'entreprise concernant les «mauvaises nouvelles». Cette norme prend ses racines dans l'histoire de l'entreprise, à l'époque où le concurrent était identifié, connu, à l'affût de la moindre information permettant de marquer des points. À cette époque, il fallait aussi que les commerciaux se sentent sûrs d'eux face au client, et donc ne pas les faire douter avec des détails qui ne les concernaient pas.

Nous voyons bien ici que cette norme n'est plus adaptée, que des commerciaux qui ne peuvent pas anticiper les problèmes de fabrication avec leurs clients se trouvent vite désarmés face à leurs revendications, décrédibilisés par rapport à la confiance que ne leur accorde pas leur propre entreprise. Paradoxe de cette situation, ils se voient souvent obligés de critiquer leur propre camp pour ne pas se sentir humiliés eux-mêmes.

Au-delà de cette remarque, cette norme met en faute tout individu qui parle aux commerciaux et exclut de fait ces derniers un peu plus de l'entreprise.

Décider

Pierre décide de reprendre le contrôle de la conversation pour qu'elle ne dérive pas et soit constructive. Il doit pour cela réinstaller la confiance et le respect entre lui et Sylvie.

Agir

Pierre : «Sylvie, vous savez que je vous apprécie, alors ne soyez pas sur la défensive et écoutez ce que je vous dis : plusieurs commerciaux m'ont affirmé en toute innocence et sans avoir l'impression de vous trahir mais au contraire avec un brin de reconnaissance dans la voix, que vous leur aviez parlé de ces retards. Alors, à moins que vous ne souhaitiez traiter ces trois commerciaux d'affabulateurs, ce qui serait suffisamment grave pour que j'organise une confrontation, partons du principe que nous nous faisons suffisamment confiance pour en parler en toute sérénité.

– OK, parfois il m'arrive d'être bavarde, c'est le côté obscur de ma personnalité enthousiaste.

– Je peux comprendre cela, cependant vous êtes largement assez professionnelle pour faire la différence entre être bavarde et être *trop* bavarde.

– Oui bien sûr, mais de toute façon, ces retards auraient été connus et les commerciaux auraient encore râlé d'être les derniers au courant.

– Vous conviendrez avec moi que c'est une mauvaise excuse et que de toute façon ce n'est pas votre rôle de leur annoncer! (Rires.)

– C'est vrai, je capitule, et je ferai attention à l'avenir...»

POINTS CLÉS

Corriger une attitude : pour corriger une attitude déviante chez un de vos collaborateurs, évitez l'injonction comportementale («ne fais pas comme ci ou ne fais pas comme ça»), même si cela vous donne l'impression de gagner du temps. Vous ne répondriez pas fondamentalement à l'objectif. Si ses filtres personnels l'incitent à le faire, il recommencera dès que vous aurez le dos tourné. Vous devez travailler sur l'origine du comportement, sur le moteur qui pousse la personne à penser qu'elle a un bénéfice à agir ainsi.

Faire face au manque d'adhésion de ses équipes

Les symptômes de désengagement d'une équipe
Gérer les réunions difficiles
Rattraper une mauvaise réaction
Prendre du recul par rapport au refus
Accepter les différences de point de vue

La situation

Pierre, manager régional, trouve que ses équipes manquent d'esprit de conquête. Il se souvient de la dynamique créée lors de séminaires ex-situ dans son entreprise précédente et veut créer un électrochoc positif en annonçant sa décision de séminaire lors d'une réunion.

> Pierre : « Je vous propose de faire un séminaire de trois jours, vendredi, samedi et dimanche 31 pour définir ensemble le plan d'action du prochain quadrimestre, et d'en profiter pour prendre un peu de bon temps ensemble. (Silence dans l'équipe, pas de commentaire.) Cela a l'air de vous poser problème ? »

– Une voix au fond de la salle : Nous passons déjà trop de temps au boulot, un week-end en plus cela passera mal, vous comprenez ?»

Les acteurs

- Pierre : protagoniste
- Ancienne équipe de Pierre : groupe référent
- Claire : arbitre
- Commerciaux : protagonistes
- Familles des commerciaux : groupe référent

Appliquer la méthode F.I.N.

Analyser le risque

Vouloir utiliser un moyen démotivant pour remotiver : quelle chance de succès voyez-vous dans cette démarche ? Pierre risque de créer une scission dans son équipe avec un sujet de controverse : le pour et le contre un séminaire pendant un week-end, sur le temps qui devrait être consacré à la famille.

Pierre : «Bien sûr, je comprends. Mais vous comprenez que je me suis battu pour nous choisir une destination sympathique. Nous méritons tous un petit peu de repos au soleil, qu'en pensez-vous ?

– Une autre voix : Vous parlez de bon temps, nous pouvons inviter nos conjoints ?

– Un groupe de voix : Oh non, et puis quoi, encore !!!

– Pierre : Non, désolé, nous devrons travailler quand même ! Je pense que travailler dans un cadre sympathique, dans une ambiance différente sera stimulant pour notre équipe.

– Claire : Personnellement, je trouve que c'est une bonne idée, même si nous te semblons surpris car cela ne fait pas partie des pratiques de l'entreprise de procéder de la sorte. En général, le mélange vie privée/vie professionnelle est déconseillé, donc pas d'empiètement, notamment sur les temps dits privés qui doivent le rester.

– Je comprends, mais je compte sur vous pour un séminaire réussi grâce à des comportements dynamiques et positifs. Vous savez, dans d'autres entreprises j'ai entendu des bravos à l'annonce de séminaires de ce type!»

Silence.

Comprendre

Les filtres

- Pour **Pierre**, l'entreprise est un lieu de socialisation, un bastion contre l'individualisme forcené. Les séminaires contribuent à développer un lien social fort au sein des équipes.

- **Les salariés** estiment que les séminaires sont organisés le week-end pour ne pas perdre des journées de travail, et que cela devrait avoir lieu pendant les jours ouvrés. De plus, certains ont réellement peur de la réaction de leur conjoint à qui ils se plaignent tous les jours de l'attitude de leur entreprise. Comment alors justifier qu'ils se soumettent une fois de plus, et cette fois-ci sur du temps familial?

En fait, organiser un séminaire avant d'avoir restauré la confiance des salariés dans le management est toujours risqué.

Les interactions

Claire soutient Pierre, tout en préservant ses camarades, dont elle justifie l'attitude par le poids des normes : «Nous ne sommes pas habitués». En réalité, cela permet à tout le monde de sauver la face.

Cependant, Pierre saute sur ce soutien et passe en mode injonction comportementale («soyez positifs») sans vouloir creuser les raisons profondes de ces réactions, les filtres ou les normes. Ce n'est pas la meilleure façon de procéder.

Enfin, il porte une critique indirecte à l'égard de son équipe («ailleurs ils étaient plus reconnaissants»), qui entraîne inévitablement un sentiment de rejet («t'avais qu'à y rester si c'était si bien»). Le «ailleurs» est un argument qui ne peut servir que si l'exemplarité de cet ailleurs est reconnue et indiscutable.

Les normes

La première norme est très liée aux filtres personnels : l'entreprise ne fait pas de cadeaux à ses équipes, d'ailleurs l'accord d'aménagement du temps de travail avait été âprement négocié. Ainsi le sentiment partagé est que ce «cadeau» de séminaire au soleil n'est qu'un alibi pour les faire bosser plus ou ne pas perdre de journées ouvrées.

La seconde norme en jeu est qu'effectivement, ce type de proposition paraît complètement décalé avec la politique de distance existant au sein de l'entreprise. Cette politique de distance peut finalement apparaître à certains comme un véritable confort : «Au moins avant, même si l'ambiance n'était pas terrible on ne me cassait pas les pieds chez moi.»

Enfin, d'une manière générale, les normes sociétales évoluent : l'entreprise ne représente plus efficacement le dernier rempart contre l'individualisme : on constate tous les jours que les gens préfèrent des chèques-cadeaux individuels aux séminaires en groupe.

Décider

Pierre sent confusément que sa déception prend le pas sur une démarche managériale empathique. Il doit arriver à admettre que tout le monde ne peut pas l'aimer, que sa démarche peut sembler étrange pour beaucoup. Autres temps, autres mœurs. Il va essayer de relativiser la réaction de ses équipes.

Agir

Pierre : «Bien, après tout, les conditions étaient sûrement différentes. J'espère cependant que vous comprenez mon sentiment de déception : je souhaite créer un événement qui nous permettra de trouver un souffle de motivation commune, et j'ai le sentiment que la démotivation collective et l'intérêt individuel ont pris le pas sur l'équipe. Je vous laisse le temps de comprendre que seul un esprit positif m'anime dans cette démarche. Bonne journée à tous et n'oubliez pas vos maillots de bains, même si personne ne sera obligé de se baigner bien entendu...» (Sourire désabusé.)

POINTS CLÉS

Rattraper une mauvaise réaction : quand vous réagissez mal à un événement, n'omettez pas d'expliquer tout de suite à vos interlocuteurs quel a été le cheminement de pensée qui a généré votre sentiment de déception ou de colère; ce chemin, qui n'est pas évident pour tout le monde, permet souvent de décrisper les situations.

Prendre du recul par rapport à un refus : n'oubliez pas non plus qu'une réaction négative à une annonce peut cacher un refus plus global. Nous avons vu des équipes de salariés refuser des systèmes de primes pour montrer leur désapprobation ou leur manque de confiance dans le management. Il ne fallait pas déduire qu'ils étaient trop bien payés... Enfin, dans un groupe, l'unanimité sur des sujets de cette nature est extrêmement rare.

Faire appliquer des décisions dont on n'a pas été partie prenante

Se positionner dans un processus décisionnel
Faut-il être convaincu pour être convaincant ?

La situation

Agnès, la directrice des ressources humaines, doit mettre en place un système d'intéressement. Elle a fait parvenir un projet aux différentes directions et refait le tour pour recueillir leurs avis.

Agnès : «Pierre, bonjour, avez-vous eu le temps de regarder le projet d'accord d'intéressement que je vous ai communiqué ?

– Oui, j'en ai parlé avec quelques commerciaux pour avoir leur avis et j'ai peur que cela ne pose problème.

– Comment cela vous en avez parlé ? Mais c'est un projet qui n'était destiné qu'à vous, il ne fallait pas en parler à ce stade !

– Écoutez, Agnès, vous ne m'avez rien précisé, et il est certainement mieux de savoir ce qu'ils pensent avant de présenter un projet définitif qui sera refusé!»

Les acteurs

– Agnès : protagoniste
– Pierre : protagoniste
– Équipe de Pierre : instigateurs
– Ensemble des salariés : groupe collatéral

Appliquer la méthode F.I.N.

Analyser le risque

Agnès aurait effectivement pu prévenir de l'aspect confidentiel du document. Pierre, quant à lui, ne mesure pas pleinement les conséquences de son geste : blocage a priori des commerciaux, effet de traînée et «Radio Moquette»… certaines grèves commencent sur des informations moins étoffées que cela!

Agnès : «Bon, quelles ont été les réactions?
– Vous donnez des objectifs de performance à coté de notre job de commercial : suivi de l'encaissement notamment, réduction des délais de paiement qui sont en fait suivis par la comptabilité.
– Mais Pierre, vous avez travaillé avec les consultants, vous avez vous-même admis que 80 % des problèmes d'impayés pourraient être résolus par un simple coup de fil du commercial. Par ailleurs, l'ensemble des indicateurs de performance permet de donner une dynamique globale à la relation client/commercial.»

Parallèlement, ne pas avoir une communication unique, construite et homogène sur un projet aussi sensible, c'est prendre un risque de refus avant même d'avoir présenté un projet définitif. En tout cas, cela va créer des a priori difficiles à effacer.

Comprendre

Les filtres

- Pour **Pierre**, il faut de la cohérence entre le discours et les actions pour motiver les gens («on nous demande de vendre, pas de faire de la comptabilité»). Parallèlement, comme il ne se sent pas à l'aise avec ce dossier, il espère inconsciemment que le fait de solliciter les commerciaux leur permettra de s'approprier le dossier et de l'accepter sans qu'il ait à le vendre. C'est son filtre «je veux qu'on m'aime» qui entraîne cette réaction. Notons ici qu'à ce stade de la négociation, il commet une erreur de management en ne jouant pas son rôle de porteur d'un projet stratégique.

- **Les commerciaux** considèrent qu'ils sont là pour garder une relation positive avec le client, et que c'est pour cela que les services de recouvrement existent. Leur métier, c'est vendre. Si on leur demande des comptes rendus, du reporting et maintenant de faire le job de la comptabilité, ils ne vendront plus rien.

- Pour **Agnès**, il faut élargir le champ des responsabilités et des devoirs pour que les gens se sentent partie prenante de l'entreprise et pas uniquement des mercenaires. En plus, les commerciaux se plaignent que le service recouvrement manque de tact avec leurs clients, or si ils faisaient mieux leur travail, cela n'arriverait pas.

Les interactions

Les interactions en jeu ici sont complexes.

Dans l'entretien : le fond est détourné par l'information donnée par Pierre. Agnès rebondit sur la problématique de la confidentialité qui devient le centre de la conversation au détriment de sa question initiale sur l'intéressement.

En dehors de l'entretien : c'est la relation entre Pierre et ses équipes qui est en jeu. Il va devoir utiliser l'outil d'intéressement pour les motiver (c'est-à-dire orienter leur comportement), leur expliquer pourquoi «cela change». Avec sa démarche de solliciter l'avis des commerciaux alors que le projet est déjà presque finalisé, il se met entre le marteau et l'enclume. En permettant aux commerciaux de prendre positon de bonne foi contre le projet, il va devoir se justifier, soit vis-à-vis de la direction pour infléchir la décision, soit vis-à-vis des commerciaux pour expliquer pourquoi on ne tient pas compte de leur avis. Aux échecs, cette position dans laquelle on est obligé de jouer un coup qui sera mauvais quoi qu'il arrive s'appelle *zugzwang*.

Notons que souvent les middle managers, par leur position et parfois leur manque de formation adaptée à gérer des situations critiques, sont plus des filtres des décisions de la direction générale que des relais positifs de la stratégie de l'entreprise.

Les normes

Dans cette entreprise où la notion de hiérarchie est une valeur forte, le fait de parler aux salariés d'une réflexion sur une décision managériale est une action impensable : «On ne sollicite pas l'avis des salariés sur les actions des managers.»

Pierre vient d'un groupe où le dialogue était permanent, et où, si quelque chose devait être confidentiel, il était précisé «confidentiel». Par défaut, la norme fait que cela n'était pas confidentiel, du moins au sein des équipes.

Le formalisme est ici opposé : on ne dit rien, on ne sollicite pas les salariés sauf directive expresse.

De telles oppositions de normes sont sources de problèmes quand on change d'entreprise.

Décider

Pierre ne se sent pas à l'aise pour expliquer le choix des objectifs de l'accord. Pour éviter de se retrouver à court d'arguments devant ses équipes, il décide d'essayer de tester Agnès sur les points qui lui semblent litigieux et ainsi conforter son opinion pour être plus ferme dans son argumentation.

Agir

Pierre : «Je suis à 100 % d'accord, si on arrête de marteler que le seul objectif est la croissance du chiffre d'affaires. On ne peut pas afficher un discours et rémunérer sur autre chose! Il faut de la cohérence pour éviter de la confusion, qu'en penses-tu?

– Écoute, on en reparle, tu remets simplement en question trois mois de travail.»

Agnès fuit le débat, ce qui n'aide pas Pierre, mais le fragilise.

POINTS CLÉS

Être convaincu pour être convainquant : si vous devez présenter un dossier sensible dans lequel vous n'avez pris aucune décision, n'oubliez pas que vous êtes aux yeux de la direction le relais positif, managérial, de cette décision. Vous vous devez donc d'être solidaire de cette décision vis-à-vis des équipes. Vous n'êtes pas un filtre qui déforme et/ou adoucit, ou encore ne fait que remonter les problèmes des équipes vers la direction générale.

La démarche finale de Pierre était la bonne : se préparer à toutes les questions sur lesquelles vous ne vous sentez pas à l'aise.

En effet, quand nous n'avons pas la réponse à une question gênante, mais pertinente, et que nous n'avons pas pris la décision initiale de ce que nous avons présenté, nous sommes enclins (trois fois sur quatre) à donner raison à celui qui remet en question nos affirmations.

En faisant part de vos questions à votre manager ou à celui qui a préparé le document, si ses réponses sont pertinentes, vous n'aurez plus de doute face à vos équipes.

Enfin, dans une situation où nous ne sommes pas à l'aise, nous espérons trop souvent (inconsciemment) que l'autre va prendre la bonne décision à notre place. C'est une erreur qui nous fait perdre la maîtrise de la situation.

L'orientation client permet de casser la rigidité hiérarchique

Culture produit/culture client
Culture de commando et égotisme

La situation

Pierre, responsable régional, vient de rendre visite à un gros client, Canneland, importante chaîne de distribution spécialisée dans les produits «seniors». Cette grande chaîne va se diversifier dans de petits corners de grands magasins et des «Monoprice» de quartier. Elle souhaite un conditionnement plus adapté à ce type de magasin. Cela représente potentiellement un nouveau marché important pour Pierre.

> Pierre : «David, notre client Canneland m'a demandé des livraisons dans un conditionnement de trois unités au lieu des paquets de dix habituels.
> – Nous avons calculé que ce type de conditionnement nous coûte plus cher à produire, il érode nos marges et j'ai donc décidé de ne pas accéder à ce type de demande. À vous

de leur expliquer que la qualité de nos produits exige certaines concessions si nous voulons garder des prix raisonnables. Par ailleurs, je vous demande un rapport prospectif depuis deux semaines, j'en ai besoin pour le président.

– Nous risquons de perdre ce client au profit d'un concurrent plus créatif, plus prompt à répondre à ses clients.

– Cela fait vingt ans que nous travaillons de manière satisfaisante avec Canneland, ils savent très bien que nous ne pouvons accéder à ce type de requête, tout comme ils savent que leurs clients sont attachés à nos produits.

– Certes, mais leur acheteur a changé récemment et c'est justement son job de remettre en question les "vieilles" relations. J'ai peur qu'il profite de notre refus pour changer les habitudes. Nous prenons un grand risque...

– Pas si vous faites correctement votre job, à commencer par vous occuper de votre première priorité : moi. Je ne peux pas être efficace si je dois courir après les comptes rendus de tout le monde. Alors, avant d'exiger que je fasse un travail pour vous, essayez de faire le vôtre pour moi. Fin de discussion sur ce thème, si vous le voulez bien.»

Les acteurs

– David : protagoniste
– Pierre : protagoniste
– Client Canneland : instigateur

Appliquer la méthode F.I.N.

Analyser le risque

Ce comportement est typique des entreprises qui se sont développées avec un savoir-faire technologique unique, et où la demande était supérieure à l'offre. La culture est essentiellement orientée produit, le client étant un mal nécessaire qui doit s'adapter pour pouvoir bénéficier du produit «magique». La concurrence arrivant, ce type de culture se déphase complètement, mais cette norme «confortable» subsiste longtemps. On ne passe pas facilement d'une culture produit à une culture client.

Dans cette situation, le risque est multiple :

- perte du client ;
- démotivation de Pierre qui perd en rémunération et en responsabilité sur son chiffre d'affaires géré, démotivation accentuée par un sentiment d'impuissance face à l'attitude «bornée» de David qui n'a pas pris le temps d'essayer de comprendre ;
- enfin, risque de mise au pilori de Pierre qui «n'a pas su mettre en avant les qualités du produit» et a abandonné le client aux mains de la concurrence, pourtant moins qualifiée.

Comprendre

Pierre sent confusément que la détermination de David tient à deux éléments sur lesquels il n'a pas de prise : Pierre lui est redevable d'un rapport et David est certainement soutenu, voire contraint, par la structure pour être aussi insensible au risque de perdre un client.

Les filtres

- Pour **Pierre**, le client est roi, il nous permet de vivre, dans un monde concurrentiel, et il faut savoir le satisfaire. L'outil de production doit s'adapter pour aller chercher de nouveaux débouchés.

- Pour **David**, les clients font ce qu'on leur dit quand on est un bon commercial avec le meilleur produit («les concurrents ne nous arrivent pas à la cheville»).

Les interactions

Pierre ne peut pas perdre ce client sans rien dire. Ne pas rendre compte du risque encouru aurait été une faute professionnelle grave. Il était donc obligé d'en parler mais il a fait une erreur en se faisant l'avocat de la demande du client !

Compte tenu des normes de l'entreprise, il aurait dû présenter la situation de manière plus nuancée à David, par exemple : «Tel client a une offre d'un concurrent sur des produits certes peut-être un peu moins performants, mais avec un mode de conditionnement qui fait la différence. David, comment aborderiez-vous ce client, sachant que l'acheteur est nouveau, etc.» En faisant cela, il respecte les normes, ne se fait pas l'avocat du client contre l'entreprise et suscite l'aide active de David et non une situation de rapport de force.

La décision de Pierre est difficile car s'il conserve le client en ne cédant pas à sa demande de conditionnement, David fanfaronnera sur le fait qu'il avait raison, s'attribuera des mérites de manager, dira qu'il a bien «coaché» Pierre. En revanche, si le client est perdu, Pierre sera blâmé. Le choix est difficile et les interactions de pouvoir sont fortes.

Les normes

Dans cette entreprise où la notion de hiérarchie est une valeur forte, les regards sont portés sur le chef. David se sent porteur du respect du chef, et le président pense que «la qualité du produit permet de s'exonérer d'effort marketing». Le chef étant le centre de tous les regards, les gens sont rapidement déresponsabilisés face aux succès ou échecs de l'entreprise. Finalement, c'est typiquement ce qui risque d'arriver à Pierre. Il va se désolidariser de la responsabilité de l'échec : «Le client ne comprend pas la qualité de nos produits, c'est de sa faute, tant pis pour lui, moi j'ai fait mon boulot, j'ai reporté à la hiérarchie et ils ont décidé».

Dans les entreprises orientées clients, le regard est tourné vers l'extérieur. Chacun se sent responsable. Cela permet d'être plus autonome, donc plus rapide et réactif dans les prises de décisions.

Ensuite, David souffre d'un mal dont bien des entreprises ont du mal à se relever : l'égotisme. «Nous sommes les meilleurs et nous méprisons les concurrents.» Cette norme érigée en mode de management a une force extraordinaire : elle permet de souder les équipes, de leur donner «une foi» sans faille dans leur produit, et donc la force d'affronter les échecs inhérents à toute action commerciale. Elle a aussi de nombreuses faiblesses :

– cette méthode était adaptée du temps où les formations de bases étaient peu élevées, et les salariés moins exigeants sur la nature et l'origine des arguments apportés par l'entreprise. Aujourd'hui, les salariés ne «gobent» plus ce qu'on leur dit sans vérification;

– si un client n'achète pas, c'est qu'il n'a pas compris l'extraordinaire qualité de nos produits. De là à conclure qu'il est stupide et ne nous mérite pas, il n'y a qu'un pas, hélas vite et systématiquement franchi;

– si le client a eu le malheur d'acheter un produit «d'un de ces nuls de concurrents», il est voué aux gémonies et quasiment insulté (inutile de vous dire qu'au moment du renouvellement il ne pensera pas à vous);

– il faut que l'image publique du produit corresponde a minima au discours interne pour éviter les distorsions de perception qui nuisent à l'efficacité du discours managérial;

– dernière faiblesse – mais pas des moindres –, ces salariés au «cerveau lavé» deviennent de piètres convives en soirée, car ils ne parlent que de la formidable qualité de leur produit, n'ont aucune écoute et passent pour imbus d'eux-mêmes.[1]

Décider

Pierre a peu de marge de manœuvre : il va devoir se battre, soit avec le client, soit avec sa hiérarchie. Il sent bien que ses interactions avec David ne favorisent pas une écoute active de la part de ce dernier. La discussion n'avancera pas.

Il décide de se battre avec le client et de rendre compte de cette discussion à David à travers une synthèse envoyée par mail.

---

[1]. Notez que j'ai moi-même subi ce genre de lavage de cerveau lors de mon premier job...

Agir

Dans cette situation, agir, c'est sortir de la discussion en rassurant David sur la droiture du discours qu'il tiendra au client.

Pierre : « OK David, je vais exposer à ce nouvel acheteur notre position et les conséquences en termes de prix si nous démultiplions les conditionnements. Je vais essayer de le convaincre, ou de trouver une solution qui le satisfasse. »

POINTS CLÉS

L'orientation client permet d'être plus réactif, parfois plus créatif dans son process de fonctionnement : on se remet en cause pour satisfaire au mieux celui qui nous fait vivre.

Si vous êtes dans une entreprise ou la norme est « on est les meilleurs », ne présentez jamais les questions de vos clients en vous présentant comme l'avocat de leur demande. Pour vous, le seul angle possible c'est : « Moi aussi je suis ennuyé(e) avec ces clients qui ne comprennent pas notre stratégie de qualité, mais, tout va de plus en plus vite et les concurrents jouent aussi leur rôle de déstabilisation, parfois par voie de presse interposée, il faut donc peut-être étudier quand même la requête de ce client... »

Rassurez-vous, ce type de culture est aujourd'hui en train de disparaître et de laisser la place à l'orientation client.

Situation 21
Fixer des objectifs

Identifier ses alliés et ses ennemis
Chercher les moyens, pas les alibis
La crédibilité de la démarche de fixation d'objectifs

La situation

Pierre, notre resposable régional, s'est plié au sacro-saint rituel de la fixation des objectifs. Il s'y est employé avec méthode, comme à son habitude dans ses jobs précédents : clients existants, clients spéciaux, devis en cours, prospection selon le taux de transformation connu de chaque commercial et le prévisionnel des lancements de produits. Christine, la directrice marketing, l'interpelle lors de la revue d'objectifs du comité de pilotage commercial.

Christine : «Pierre, j'ai revu les objectifs que vous avez envisagés pour la prochaine campagne de vente, ils me paraissent relativement faibles. Y a-t-il une raison particulière ?

– Faibles par rapport à quoi ?

– Faibles par rapport aux ambitions de l'entreprise, au plan marketing et aux investissements consentis sur le budget promotionnel.»

Les acteurs

- Pierre : protagoniste
- Christine : instigateur
- David : protagoniste
- Équipe de Pierre : groupe référent
- Comité de direction : arbitre

Appliquer la méthode F.I.N.

Analyser le risque

Pierre risque de se voir affecter des objectifs peut-être inatteignables et démotivants pour ses troupes. Si c'est le cas, il se décrédibilisera et risque de ne pas tenir ses engagements : rude année en perspective.

> Pierre : «Je vois. La question est aussi : sont-ils faibles par rapport au portefeuille de mon équipe, à l'arrivée d'un nouveau concurrent étranger, à l'arrivée de deux juniors dans l'équipe ? Parallèlement, la fixation d'objectifs ayant aussi pour but de motiver les salariés, ne pensez-vous pas qu'il faut que ces objectifs paraissent atteignables ? Il faut donc concilier le réalisable et le souhaitable, n'est-ce pas ? Enfin, vous parlez des moyens en mettant sur la table le budget promotionnel, mais je n'en n'ai pas eu connaissance...
>
> – Pierre, je dois vous dire que nous avons eu une revue des objectifs présentés en comité de direction. David, notre directeur commercial, pense que vous avez peur d'affronter vos équipes, que vous voulez excuser de piètres performances à venir et que c'est pour cela que vous présentez des objectifs si bas.»

Le risque se déplace : c'est maintenant la crédibilité de Pierre vis-à-vis du management qui est en jeu. La situation est confuse et donc complexe :

- pourquoi Christine se fait-elle l'écho de David ?
- pourquoi aborde-t-elle la thématique générale des objectifs groupe pour aboutir à un problème de management individuel qui n'a rien à voir et qui ne la concerne pas ?

David présente son opinion comme un fait : «Pierre a peur de ses salariés», or ce n'est qu'un avis qui ne tient pas à grand-chose, si ce n'est l'impression générale que les objectifs sont d'un niveau insuffisant. Pour ramener ce que dit David à sa juste valeur, c'est-à-dire une simple opinion, Pierre doit revenir aux faits.

> Pierre : «Vous parlez des objectifs globaux, mais avez-vous analysé les objectifs par individu ?
> – En ce qui me concerne, j'en suis restée au niveau global.
> – Et que pensez-vous de ce qu'a dit David ?
> – Je ne sais pas, j'ai dit que compte tenu de l'importance de votre secteur, il fallait aborder le sujet avec vous et que du point de vue marketing j'avais besoin de certaines réponses.»

Comprendre

Les filtres

- Pour **Christine**, les commerciaux sont des mercenaires que leur système de primes sur objectifs fait négocier plus pour eux-mêmes que dans l'intérêt collectif. Ils sont naturellement tentés de minimiser leur niveau de performance attendue, de se fixer des objectifs trop facilement atteignables. Elle pense que Pierre est un jeune manager et qu'il se fait probablement manipuler par les vieux briscards de la vente qu'il doit manager.

- **Pierre** se sent pleinement responsable de son équipe et veut que chaque commercial s'engage sur ses objectifs plutôt que de les imposer. Il sait par expérience et par intuition qu'un objectif sur lequel une personne s'engage a plus de chance d'être atteint qu'un objectif imposé sans discussion et que l'acte d'engagement est une démarche qui motive les individus. L'objectif imposé les met souvent dans une psychologie moins

133

favorable, proche de la recherche d'alibis plutôt que de la recherche de moyens. La phrase de Roosevelt, «les gagnants trouvent les moyens et les perdants trouvent des excuses», est devenu sa devise. Il veut créer chez ses équipes une posture mentale orientée vers la recherche de solutions. De plus, il souhaite faire du système de rétribution quelque chose de plus discriminant. Pour lui, les meilleurs doivent gagner beaucoup plus que les moins bons.

Les interactions

Ici, Pierre et David interagissent entre eux sans confrontation franche et directe. Chacun essaie de faire passer son message à l'autre, de l'influencer, par des manœuvres indirectes. David n'adresse pas ses reproches directement à Pierre, ce qui ne permet jamais de résoudre les problèmes mais les accentue. Pierre gère son équipe de manière autonome et essaie d'interagir sur la direction en la mettant devant le fait accompli.

De fait, Christine arrive en intermédiaire involontaire dans cette situation, tout en sachant qu'elle n'est pas neutre et va influencer le résultat de cette confrontation indirecte. En fait, Christine essaie d'aider Pierre, de l'informer de ce que David pense. C'est la seule explication crédible. Christine est donc une alliée objective contrairement à ce qu'aurait pu laisser penser son information sur David qui sonnait comme une menace. Pierre se rappelle que les filtres de David ne peuvent pas correspondre aux attentes de collaboration de la direction marketing qui essaie d'orienter l'entreprise vers une culture client.

Le problème des confrontations indirectes est qu'elles débouchent sur des jeux «politiques», des jeux de pouvoir dans lesquels les instigateurs et les arbitres prennent un poids que personne ne leur aurait donné s'il y avait eu une confrontation directe. Résultat : des pertes de temps, d'énergie et d'argent.

Les normes

La règle écrite dit : «Les objectifs sont imposés par la direction sans concertation». Or cette démarche est cohérente sous réserve que les moyens soient aussi définis avec la présentation des objectifs et que la répartition des objectifs, par service puis par individu, soit faite selon la démarche classique : objectif spécifique, mesurable, réaliste (atteignable mais nécessitant un effort), etc.

Or la norme en vigueur historiquement est un dispatching par région en fonction de critères qui ne sont connus que par le directeur commercial et essentiellement liés à un coefficient d'augmentation appliqué uniformément par région. Chaque année les objectifs sont donc révisés en cours d'année pour coller à la réalité terrain qui n'a pas été prise en compte au début. Résultat : personne ne s'attache vraiment à l'objectif de début d'année qui n'est pas crédible. Tout le monde dit OK pour faire plaisir à la hiérarchie, tout le monde sait que cela sera renégociable.

La norme établit d'ailleurs qu'il faut être réactif et que c'est pour cela que chaque année on adapte les objectifs : le process n'est donc jamais remis en cause !

Décider

Il faut donc conforter Christine et lui donner des arguments. Parallèlement, il s'agit de voir comment l'aider à optimiser l'action promotionnelle qui est au centre de ses préoccupations.

Agir

Pierre : «Je dois fixer des objectifs qui me paraissent équitables : ni favorables aux commerciaux, ni inatteignables. Ce que je recherche en tant que manager, c'est plus de discrimination. Aujourd'hui David prend votre budget national et le divise à peu près par le nombre de commerciaux, avec une pondération sur la performance de l'année précédente. Les résultats sont en général d'une iniquité effrayante, ce qui explique en partie le fort turn-over sur notre population de jeunes vendeurs. De plus, avec cette méthode, les meilleurs gagnent à peine plus que les médiocres, ce qui ne me convient pas.

Cette année, j'ai proposé une méthode down top pour vous faire prendre conscience de la réalité contrastée du terrain, mais je suis prêt à revoir mes objectifs en fonction du plan d'investissement marketing, bien sûr.»

Pierre explique qu'il n'a pas peur de ses commerciaux puisqu'il crée plus de discrimination avec des objectifs plus ambitieux pour les meilleurs. Il rassure aussi Christine sur son objectif global et met en avant indirectement que les objectifs globaux de l'entreprise ne seront jamais atteints si on ne fidélise pas a minima les plus jeunes.

POINTS CLÉS

Les méthodes de fixation d'objectifs sont souvent la traduction du mode de management. Elles sont diverses et variées, de la méthode «smart» (spécifiques, mesurables, ambitieux, réalistes, temporisables) à la méthode des *« big hairy audacious goals»* de Jack Welsh[1], des objectifs ultra-ambitieux qui sonnent comme des défis pour mobiliser toute l'énergie des équipes.

Il est vrai que le défi est un des moteurs de l'âme humaine et que les objectifs élevés sont aussi nécessaires pour faire bouger les mentalités.

Parallèlement, la tendance est d'évaluer les managers autant sur la qualité de la fixation de leurs objectifs que sur leur atteinte ou dépassement : c'est ce que l'on appelle rémunérer l'engagement.

Dans l'absolu, les équipes qui gagnent ont des objectifs en cohérence avec le projet de l'entreprise, des objectifs qui donnent du sens à l'action individuelle et collective.

Enfin, n'oubliez jamais qu'une discussion sur les objectifs n'a d'intérêt que si on parle des moyens.

---

1. J. et S. Welsh, *Mes Conseils pour réussir,* Village Mondial, 2005.

Situation 22
L'entretien
d'évaluation

L'entretien d'évaluation,
au cœur de la fonction managériale
Parler le premier ou laisser l'autre s'exprimer
Se faire le porte-parole des autres
pour se donner du poids
La force de l'anecdote par rapport aux statistiques

La situation

Pierre a convoqué tous ses commerciaux pour leur rendez-vous annuel d'entretien d'évaluation. Il rencontre Marc, un garçon globalement performant, mais qui ne donne pas entièrement satisfaction du point de vue comportemental.

Pierre : «Bonjour Marc, je suis content que l'on puisse se voir pour cet important rendez-vous. J'ai récupéré le dossier de l'an dernier, as-tu le tien avec toi ?

– Ah non, désolé, je n'ai pas eu le temps de le regarder, je suis charrette en ce moment, mais pas de problème, je connais mes objectifs et ma performance.

– Oui, mais desquels parles-tu?

– Des seuls qui comptent ici, les objectifs de résultat!»

Les acteurs

- Pierre : protagoniste
- Marc : protagoniste
- DRH : instigateur, arbitre
- Commerciaux : groupe référent

Appliquer la méthode F.I.N.

Analyser le risque

Pierre n'a apparemment pas prévenu ses équipes de l'importance qu'il accorde à ces entretiens et notamment de l'importance de l'évaluation du comportement, des aspects qualitatifs des missions et du respect des valeurs.

Marc, qui doit être un commercial qui a réussi quantitativement, se sent visiblement à l'abri de tout problème...

Pierre : «Était-ce le seul sujet que vous abordiez lors des entretiens avec mon prédécesseur?

– Non, nous parlions aussi des primes! Et bien sûr nous abordions nos attentes pour l'année et les problèmes de l'année précédente.

– Je vois. Bon, nous allons reprendre la même formule et l'enrichir un peu si tu veux bien.

– Oui, bien sûr, c'est toi le boss...

– Parlons donc des problèmes de l'année.

– Cela va sans doute te paraître un détail, mais, tout le monde est d'accord pour dire que cela contribue à créer une mauvaise ambiance au sein des équipes : nous ne comprenons pas pourquoi les notes de frais sont payées avec un mois de décalage, voire deux mois en fin d'année comme c'est le cas ce mois-ci.»

PLUS LOIN

L'entretien d'évaluation : dans les entreprises où les employés travaillent de manière autonome, sur des démarches transversales, ou simplement dans la plupart des entreprises de service, l'entretien d'évaluation est le lieu privilégié de l'action managériale. Or, peu le considèrent comme cette étape décisive d'une évolution de carrière.

Certains managers peuvent avoir l'impression d'avoir plus de pouvoir en s'exonérant du formalisme imposé de l'entretien d'évaluation et en gérant les crises qui peuvent survenir en cours d'année : gérer une crise donne l'impression de servir à quelque chose!

Concernant les évaluations salariales, quand ils n'ont pas de budget à répartir, les mêmes se réfugient derrière les décisions de la direction générale ou des études de marché sur les niveaux de salaires. En réalité ils deviennent otages des discussions de type chantage avec les salariés. Dans tous les cas, en délaissant l'entretien d'évaluation, ils abandonnent le seul outil objectif de management dont ils disposent réellement.

Pierre a un problème : Marc, derrière un élément factuel (le retard dans le paiement des notes de frais), présente la mauvaise ambiance au sein du service comme un fait acquis (généralisation abusive, distorsion de réalité). Par ailleurs, en faisant porter une dimension désorganisée aux services internes de l'entreprise, il s'exonère certainement de tout ce que l'on pourrait lui demander, notamment le respect des reporting, etc. Marc positionne ses pièces sur l'échiquier et Pierre va devoir reprendre l'entretien en main.

Pierre aurait-il dû placer ses pièces en premier? En fait, la technique de Pierre de laisser parler Marc en premier est évidemment la bonne pour éviter que l'entretien ne tourne au monologue, le chef incriminant le salarié en «tuant» l'échange dès les premières secondes.

> Pierre : «Très bien, et à part cet énorme problème, quoi d'autre?

– Rien, tout va bien.

– (comprenant que Marc s'est braqué) Comprends-moi, Marc, je te demande quels problèmes il y a eu cette année, et tu me parles du problème des notes de frais du mois de décembre. Conviens avec moi que si tu avais préparé cet entretien, tu aurais une vue plus globale ! Parallèlement, vous êtes tous contributifs de la bonne ou mauvaise ambiance de votre groupe, tu en es donc partiellement responsable, contrairement au service comptable !

– Si tu veux, mais il y a toujours une goutte d'eau pour faire déborder le vase. »

Pas très bien joué de la part de Pierre qui minimise frontalement le problème de Marc. Ce dernier, même s'il joue un jeu, peut faire mine de se sentir peu écouté, peu pris au sérieux, et donc peu enclin à continuer sur la voie de l'expression : à quoi sert cet entretien si ce que je dis n'est pas pris en considération.

Comprendre

Les filtres

- **Marc** est confiant dans l'importance de sa place au sein de l'entreprise. De toute façon, ces entretiens n'ont jamais été suivis d'effets, notamment sur les promesses de formation, et la direction du personnel se tue à expliquer que l'évolution de la politique de rémunération n'a rien à voir avec l'entretien – ce qui est partiellement vrai par ailleurs. Alors pourquoi se creuser la tête, c'est juste un moment pour se plaindre un peu au manager. Parallèlement, en se montrant débordé (« pas eu le temps de le préparer »), il a l'impression de marquer des points : qui lui reprochera de passer des heures sur ce pour quoi il est payé ?

- **Pierre** veut plus que jamais passer d'une bande de mercenaires à une équipe solidaire, respectueuse des valeurs et faisant évoluer sa compétence globale au-delà de la vente. L'entretien d'évaluation est pour cela le moment idéal, sa préparation est fondamentale. Les gens qui se disent débordés ne l'impressionnent pas, il les estime mal organisés!

Les interactions

Marc essaie de se faire le porteur d'un message collectif à travers sa revendication. Cela renforce toujours un discours, notamment venant d'une équipe envers son manager. Il dit «nous» («nous ne comprenons pas»), et se fait l'avocat de tous, peut-être à leur corps défendant.

Pierre n'oublie pas qu'il s'agit d'un entretien individuel d'évaluation et ne veut pas rentrer dans ce jeu. Mais il rompt la relation au lieu de recadrer le débat, puis se justifie en perdant le leadership réel de l'entretien. La préparation de ce type d'entretien vaut pour tous, y compris pour le manager, qui doit savoir gérer ce type de situation!

Les objectifs de cet entretien n'étant pas les mêmes pour les deux protagonistes, et l'enjeu n'ayant pas été rappelé en début d'entretien, cela n'a aucune chance d'aboutir.

Les normes

Le management ne sait pas utiliser le guide d'entretien – qui change d'ailleurs tous les ans –, donc les décisions ne sont pas suivies d'effet. Les salariés essaient de jouer sur l'effet de halo (implication maximum dans le mois et demi qui précède l'entretien) et préparent rarement l'entretien de manière professionnelle.

Dans ces conditions, les normes du type : «C'est celui qui réclame le plus qui obtient le plus» peuvent s'enraciner. D'ailleurs, ce ne sont pas ceux qui ont les meilleures notations aux entretiens qui sont promus. La règle c'est que l'évaluation est la base d'une possible promotion : il s'agit donc d'avoir la meilleure évaluation, mais la norme pratiquée est le copinage! Beaucoup d'entreprises présentent des règles sur l'importance de l'entretien d'évaluation sur l'évolution de carrière, mais des normes du type «c'est le copain du boss qui a les meilleures places», viennent ruiner les efforts des directions des ressources humaines, voire des directions générales.

Décider

Continuer l'entretien dans ces conditions n'aidera pas Pierre à être constructif. Il doit redonner de l'importance à cet entretien.

> Pierre : «Bon, repartons du bon pied, je te fais une copie de l'entretien de l'année dernière, je t'explique ce que j'attends de ces entretiens et on se revoit dans trois jours, OK?
> – OK.»

Agir

> Pierre : «Prenons tout de suite ce rendez-vous, si tu le veux bien.»

Prendre un rendez-vous est souvent la base de toute action à venir. Établir un échéancier, c'est déjà être dans l'action.

POINTS CLÉS

Partir d'éléments factuels, fixer le cadre : l'entretien d'évaluation se prépare toujours plus que les autres : il fait partie de votre job à part entière.

Il faut partir d'éléments factuels pour étayer des opinions : préparez-les!

Comme avant tout entretien, il est préférable de se mettre d'accord sur un objectif commun : par exemple définir les priorités de l'année, s'accorder sur les points positifs et les points d'amélioration, etc.

Situation 23
La négociation salariale

Interactions vie privée/vie professionnelle
Les outils de rémunération fixe et variable
Les véritables facteurs de stress
La qualité des feed-back

La situation

Une situation de management classique – et de plus en plus fréquente –, quel que soit le niveau hiérarchique : la direction donne le choix au manager – pour 50 % des membres de son équipe – entre versement d'une prime ou augmentation ! Rachel, salariée de l'équipe de Pierre fait irruption dans son bureau.

> Rachel, commerciale : «Bonjour Pierre, j'espère que je ne te dérange pas mais je viens de recevoir mon bulletin de salaire et je voudrais de parler de quelque chose.»

Les acteurs

- Pierre : protagoniste
- Rachel : protagoniste
- Mari de Rachel : arbitre
- Collègues de l'équipe de Paul : groupe référent

143

Appliquer la méthode F.I.N.

Analyser le risque

Pierre n'a pas eu le temps de prévenir les équipes de ses décisions en matière d'augmentation ou de prime. Il vient de réaliser que les bulletins de salaires ont été envoyés, qu'il va se retrouver en position de justification et que ce qui aurait pu passer pour une bonne nouvelle comme une prime importante peut devenir un objet de démotivation !

PLUS LOIN

POUR ALLER

La rétribution demeure le principal accessoire du contrat de travail qui lie le salarié à l'entreprise. C'est un puissant instrument de reconnaissance et une source inépuisable de démotivation sur la base du sentiment d'iniquité souvent ressenti devant les décisions du management.

C'est donc un moment de vérité devant lequel chaque manager doit assumer son rôle.

Pierre : «Bonjour Rachel, tu tombes bien, justement je voulais te voir. Suite à notre conversation et notre entretien de fin d'année j'ai décidé de t'accorder une prime d'un mois de salaire.

– Écoute, je te suis reconnaissante de cet effort, mais depuis trois ans mon fixe n'a pas évolué, et l'année dernière ma prime était de moitié par rapport à l'année précédente. J'ai donc gagné moins d'argent.

– Je comprends, mais comme je te l'ai expliqué, l'évolution du salaire fixe correspond à une évolution de compétence, un changement de poste, ou éventuellement un alignement sur le marché. Dans ton cas, tu as fait preuve d'implication, d'un comportement positif, mais ta compétence métier reste insuffisante. Nous étions d'accord là-dessus n'est-ce pas ?

– Pierre, tu sais comme moi que beaucoup d'éléments dépendent du salaire fixe, par exemple dans l'obtention d'un crédit pour l'acquisition d'un bien immobilier, les primes ne sont pas prises en compte pour le calcul des plafonds d'endettement. D'ailleurs tout le monde dans le service de Paul a une augmentation au moins une année sur deux et qui équivaut au maintien du coût de la vie!»

Comprendre

Les filtres

- **Rachel** a des besoins à satisfaire, comme changer de maison ou d'appartement. Son seul moyen est de passer par une augmentation de salaire. Donc plutôt que de se demander comment faire pour l'obtenir par elle-même, elle la demande au boss! Cette démarche trouve toute sa justification dans le fait avéré que dans d'autres équipes de l'entreprise les augmentations sont systématiques.

- Le filtre de **Pierre** est que l'entreprise n'est pas là pour répondre aux sollicitations des salariés. En matière d'évolution salariale les règles doivent être simples : fixe = compétence, variable = performance collective et individuelle, tandis que les avantages sociaux et divers dépendent du statut et des pratiques de marché. De telles règles, quand elles sont partagées et comprises, évitent les négociations incessantes et souvent hors sujet («je viens d'avoir un enfant, mes charges augmentent il faut m'augmenter!»).

- Le filtre de **Paul** : «Tous les salariés sont bons dans mon équipe et sa cohésion passe par une répartition égale des augmentations de salaire». Ce filtre se retrouve souvent chez les managers qui ont repris des équipes et les ont fait monter en compétence : ils perdent en discernement en s'attachant à l'effort qui a été fourni et plus au niveau atteint.

Les interactions

Rachel est influencée par ses camarades du service de Paul qui ont bénéficié d'une augmentation. De plus, elle doit intégrer une interaction avec son conjoint : suite à son entretien d'évaluation, elle lui a quasiment affirmé qu'elle allait certainement être augmentée ! C'est une forme d'engagement qui la met dans une situation délicate et qui lui donne la force de renégocier.

Pierre est quant à lui en guerre avec Paul, qui n'est à ses yeux pas un bon manager puisqu'il «saupoudre» ses augmentations pour acheter la paix sociale au sein de son service.

Aussi, le fait que Rachel prenne le service de Paul en exemple tombe plutôt mal. Cependant Pierre anticipait de telles réactions, aussi il n'en veut pas à Rachel qu'il trouve en général positive. Le risque est qu'il «casse du bois» sur le dos de Paul, ce qui n'est évidemment pas la chose à faire.

POUR ALLER PLUS LOIN

Les feed-back et synthèses d'entretiens doivent être précis. Il faut toujours être précis dans ses feed-back et ses synthèses de rendez-vous : de leurs points de vue respectifs, l'entretien annuel d'évaluation entre Rachel et Paul s'était bien passé… mais pas pour les mêmes raisons !!! Pierre pensait que Rachel avait compris qu'il était content de son comportement positif mais qu'il attendait d'elle une évolution en matière d'acquisition de compétences. De son côté, Rachel, ayant vu Pierre satisfait dans l'ensemble et ayant la même rémunération depuis deux ans, était certaine d'être augmentée.

Rachel est donc déçue et le fait savoir, ce qui est positif, mais sans présenter la véritable raison ce qui complexifie le débat.

Pierre est quant à lui déçu de l'incompréhension que manifeste Rachel.

Les normes

«Les salariés, c'est toujours pareil : ils sont OK pour le variable quand cela marche bien, puis ils réclament plus de fixe en période difficile : ils veulent gagner sur tous les tableaux !» Dans l'entreprise, la norme est donc tournée vers le mépris plutôt que la reconnaissance. Pour la direction générale, la rétribution n'est pas considérée comme un investissement mais comme le premier poste de charges fixes qu'il faut contrôler, peut-être parce que les outils de performance du capital humain ne sont pas assez développés.

Cette norme est due à une forme de déception du management qui un jour n'a pas retiré les effets positifs escomptés à la suite d'un «geste généreux» qu'il a fait, et a encore moins retiré de reconnaissance quand il s'agit de demander un effort aux équipes.

Dans les entreprises régies par ce type de normes, la rétribution est souvent un sujet tabou.

PLUS LOIN

POUR ALLER

Évolution de normes : dans la plupart des pays de l'OCDE, le manque de main d'œuvre va faire évoluer la politique de rétribution vers ce que nous appelons des logiques en «package de rétribution» qui intègrent les besoins des salariés en termes de consommation, d'épargne, de fiscalité etc.

Décider

Pierre ne veut pas lâcher la conversation ni revenir sur sa décision. Il veut que Rachel se remotive sur les bases de ce qui est acté. Il va pour cela prendre des risques.

> Pierre : «Rachel, crois-tu vraiment que c'est à l'entreprise de prendre en compte la situation individuelle de chacun des salariés ?»

Excellente technique : pousser un raisonnement jusqu'à l'absurde pour en démontrer les limites. Il permet de mettre les éléments de la discussion en perspective et surtout, présenté sous forme de question, permet à l'autre d'adopter votre point de vue.

> Rachel : «Bien sûr que non, mais tu ne peux pas ignorer que je travaille aussi parce que je suis payée et que cela me permet d'assurer un certain niveau de vie !»

– Oui, et les règles du jeu économique sont claires : si tu veux être augmentée il faut que ta compétence progresse, c'est-à-dire que tu sois à plus forte valeur ajoutée pour l'entreprise et nos clients. Ta performance est mesurée par ton système de primes sur objectifs et la prime de fin d'année que je t'ai octroyée correspond à ton implication et ton comportement.»

La conversation tourne en rond : Pierre se sent ici obligé de rappeler ce que Rachel n'a pas compris lors de l'entretien, et Rachel quant à elle ne présente pas le véritable problème : son sentiment de déception vis-à-vis de son conjoint à qui elle avait affirmé suite à son entretien d'évaluation qu'elle aurait sûrement une augmentation : comment rentrer à la maison sans casser du sucre sur le dos de l'entreprise? Elle doit se construire un discours, préparer une réponse aux objections que son conjoint ne manquera pas de formuler!

Agir

En termes de management, Pierre doit trouver le nœud du problème : il doit savoir si l'enjeu de la situation est réellement financier.

«Sais-tu que tu as eu une des primes les plus importantes du service, que beaucoup n'en n'ont pas eu et que la plus grosse augmentation est de la moitié de cette prime?

– Non, je ne savais pas.

– Sais-tu que cette année, si tu acquiers les niveaux 2 et 3 sur les compétences techniques et commerciales, ce qui correspondra à une augmentation de 4 % environ, et que le programme de formation sur lequel nous sommes tombés d'accord permet largement d'acquérir ces savoir-faire? À toi de jouer maintenant, concentre-toi sur l'essentiel!

– OK, Pierre, cela me va.»

Pierre en argumentant positivement donne des arguments solides à Rachel vis-à-vis de son conjoint, tant sur l'intérêt de la prime cette année que sur la perspective d'augmentation. De plus, Pierre montre à Rachel que c'est elle qui maîtrise son augmentation de salaire, ce qui est plus motivant que de l'avoir après une négociation humiliante.

POINTS CLÉS

Facteur de stress : un des apports intéressants de la psychologie sociale est d'avoir démontré que le véritable facteur de stress n'est pas de « ne pas avoir ce que l'on veut » mais de « ne pas pouvoir faire ce que l'on veut » : le sentiment de ne pas maîtriser sa vie est le premier syndrome stressant.

Pierre met Rachel en situation de maîtriser son avenir, ce qui est valorisant et permet de supporter le stress de « ne pas avoir » au profit du plaisir de « maîtriser ». C'est le secret de ce retournement de situation réussi.

Qualité du feed-back : les feed-back que vous donnez doivent être limpides. Pour cela, un truc imparable, faites reformuler votre interlocuteur pour être sûr qu'il a compris ce que vous souhaitiez dire. Dans cette situation, le feed-back de Pierre après l'entretien d'évaluation n'avait pas dû être très clair.

Situation 24
Présenter un projet d'entreprise

Avoir des valeurs en phase
avec la réalité du management
Le risque des effets de balancier
Coefficient d'élaboration et coefficient d'exécution
Faire s'engager

La situation

Pierre, directeur régional, vient de présenter le nouveau projet d'entreprise à son équipe. La présentation commençait par une allocution vidéo du président qui a entraîné des sourires quand il a parlé des valeurs du groupe. Pierre a enchaîné sans vouloir prêter attention à ce signal de désapprobation. Il finit son discours après sa présentation du projet d'entreprise.

Pierre : «Bien, il s'agit d'un projet ambitieux mais porteur de sens! Avez-vous des questions?

Voix de Jean-Pierre, dans la salle : Oui, porteur de sens pour qui? (Rires étouffés.)

– À votre avis?»

OK, Pierre utilise une méthode classique quand on est désarçonné par une question : la renvoyer !

Voix de Jean-Pierre, dans la salle : «À notre avis, pour la direction générale et les actionnaires.»

PLUS LOIN

POUR ALLER

Le coefficient d'élaboration et le coefficient d'exécution. Le coefficient d'élaboration mesure la capacité du comité de direction à penser une stratégie et la communiquer de manière compréhensible (ce qui représente une partie de ce que l'on appelle le leadership). Le coefficient d'exécution mesure la capacité du management et plus généralement de l'ensemble des équipes à mettre en œuvre cette stratégie.

Quelle que soit la qualité du projet et de la vision, la réussite de sa mise en œuvre se heurte directement à son coefficient d'exécution dont les maîtres d'œuvre sont les middle managers, relais essentiels de la réussite de toute entreprise. C'est grâce à eux que l'ensemble des équipes va adhérer, ou non, au projet.

Les acteurs

- Pierre : protagoniste
- Jean-Pierre : protagoniste
- DG : instigateur
- Équipe de Pierre : arbitre

Appliquer la méthode F.I.N.

Analyser le risque

Pierre est mis en difficulté par un membre de son équipe devant tout le monde. La situation est d'autant plus difficile à gérer qu'il a «mis ses tripes» dans la présentation et que comme tout bon orateur il était persuadé d'avoir emporté l'unanimité des avis sur le projet présenté (erreur de jeunesse).

Il sait qu'il ne peut pas agresser ou remettre en place brutalement Jean-Pierre, même si celui-ci semble faire preuve de mauvaise foi.

Cela aurait comme conséquence de se mettre à dos le groupe qui protège par réflexe ses membres ou de générer un silence pesant pour le reste de la présentation, personne n'osant plus prendre la parole.

Ne rien dire, c'est aussi prendre le risque que la dissension de Jean-Pierre fasse tâche d'huile et divise le groupe.

PLUS LOIN

POUR ALLER

L'adhésion des équipes au projet de l'entreprise : cette adhésion est indispensable. Dans le cas contraire, le manager porteur du message est ipso facto décrédibilisé ; de plus, si la démarche management est globale, l'ensemble des objectifs et la politique RH (de l'évaluation à la formation en passant par la rétribution) vont être alignés sur le projet. Si les salariés n'adhèrent pas, le management va avoir des problèmes à tous les niveaux : «Pourquoi ces objectifs, pourquoi m'évaluer sur autre chose que ce que je fais bien depuis cinq ans, pourquoi investir des millions dans un nouveau produit alors que les équipes ne sont pas augmentées et que le dernier lancement était mitigé, pourquoi le rachat de cette entreprise (anciennement dénigrée car concurrente) qui va détruire de l'emploi et de la valeur, pourquoi le recrutement de ce salarié qui n'a rien à voir avec le profil de notre équipe, etc. »

Comprendre

Les filtres

* La compréhension que **Pierre** a des mécanismes de motivation lui fait sentir que son équipe avait besoin d'un projet pour se remotiver : donner du sens à l'action de chacun, compren-

dre pourquoi tous les matins nous venons au travail et en quoi chacun est contributif de la réussite collective est un élément fondamental de l'implication de chaque salarié. Pour lui, le projet est crédible et chacun doit se sentir partie prenante de sa réussite : il est important que chacun partage le même cap et comprenne donc toutes les décisions prises.

• **Jean-Pierre** vient d'une entreprise où le projet affiché était de maximiser la valeur pour l'actionnaire. Une entreprise qui avait «surréagi» à la période des «années management» où la richesse partait aux grands managers en dépit de performances relativement faibles des cours de bourse. Le filtre de Jean-Pierre est modelé par cette expérience récente dans un grand groupe international.

Les interactions

Le directeur général a chargé Pierre «d'une mission» de confiance! Il se sent investi de cette mission et l'échec n'est pas une option. C'est pour cela que les petits rires entendus pendant la vidéo du président ne l'ont pas alerté. Il n'a pas voulu entendre la désapprobation du groupe, et en se faisant le porteur inconditionnel du message il a donné au groupe l'impression d'avoir «choisi son camp».

Dans les interactions entre les protagonistes, tous les signes non verbaux sont à prendre en considération. Réagir à un petit rire c'est permettre à l'autre de s'exprimer, c'est l'occasion de désamorcer un processus pervers : si je ne réagis pas, l'autre personne ne sera plus réellement à l'écoute et n'attendra que le moment propice pour relancer un message – voire même un Scud, comme le fait Jean-Pierre.

Les normes

La culture de l'entreprise est paternaliste : «Tu fais partie de la famille, fais bien ton travail, nous saurons le reconnaître d'une manière ou d'une autre. Nous ne te laisserons pas tomber, mais tu dois être loyal à l'entreprise.»

Fort de cette norme, la présentation aux équipes d'un projet d'entreprise apparaît comme complètement décalée : cela effraie car la poursuite d'un objectif global donne l'impression de restreindre les espaces de liberté que l'on retrouve dans ce type d'entreprises.

En fait la direction générale tente ici d'imposer une nouvelle norme. Cela se fera d'autant plus facilement que tout le monde adhère au projet et que les pratiques ressources humaines s'alignent sur le projet. Former les managers à cette démarche est aussi une des clés du succès.

Décider

Pierre décide donc de ne pas laisser passer, de positiver la remarque de Jean-Pierre. «Il vaut mieux qu'il exprime fort ce que d'autres pensent tout bas, c'est le moment d'enfoncer le clou!»

Agir

> Pierre : «Compte tenu de ce que je vous ai présenté et de ce que vous avez compris de ce projet, quelqu'un veut-il ajouter quelque chose à ce que dit Jean-Pierre ?»

Habile manœuvre qu'il faut avoir en tête dans les discussions de groupe : ne pas affronter directement le rebelle mais laisser faire vos alliés, cela évite de souder le groupe contre vous.

> Claire : «Oui, personnellement j'ai trouvé que ce projet avait le mérite de fixer des ambitions larges dans lesquelles on peut se reconnaître. Cela donne de la "respiration" et je pense que notre intérêt apparaît aussi clairement que celui des actionnaires, par exemple...
> – Absolument, si nous voulons un projet qui tienne dans la durée, il faut aussi que les actionnaires et la direction générale y trouvent leur intérêt! Maintenant, si votre question est : "Qu'y a-t-il là-dedans pour moi?" j'ai trois réponses : cela donne du sens à votre action et à vos décisions face au client, vous êtes plus fort dans la négociation; votre système de

rémunération sera en partie aligné sur la réussite du projet. Cela contribue à notre intelligence collective : nous ne taperons plus sur des burins pour casser des cailloux, nous taperons sur des burins pour construire une cathédrale!»

POINTS CLÉS

Faire s'engager : on ne peut pas obliger à s'engager dans le projet, c'est un choix volontaire qui dépend du sentiment de reconnaissance de chacun. Ce sentiment de reconnaissance se crée facilement et avec sincérité à travers deux actions :

– grâce à l'implication des managers dans le processus de réflexion (notamment sur l'aspect déclinaison du projet, l'aspect réflexion restant souvent l'apanage du comité de direction);

– grâce à une présentation qui met en avant l'intérêt bien compris de toutes les parties prenantes et leur rôle exact dans la réussite globale du projet (exact voulant dire sans flagornerie ou excès d'optimisme…).

Conclusion

Trop de «top managers» pensent que leur métier est de conclure des alliances stratégiques, d'organiser des fusions-acquisitions, d'arbitrer entre les différents grands investissements de leur entreprise sur les marchés étrangers ou dans des secteurs complémentaires.

Trop peu comprennent à temps que la réussite de toutes ces stratégies, si intelligentes soient elles, ne dépend que de leur mise en œuvre effective, sur le terrain, pas sur le papier.

À la lecture des grandes méthodologies managériales à la mode sur les dernières années, il est interpellant pour un spécialiste des ressources humaines de constater que tous les grands théoriciens intercalent, à un moment ou à un autre, la nécessité de l'engagement sans restriction des équipes de l'entreprise. Ne pas prendre en compte l'aspect capital humain est présenté comme un facteur d'échec potentiel!

Même la fameuse EVA[1], prônée par le cabinet Stern & Stewart, incorpore comme facteur clé de réussite l'alignement des bonus des managers sur la mise en œuvre réussie de l'EVA.

Dans *Stratégie Océan bleu*[2], qui est un livre passionnant sur les choix stratégiques de l'entreprise, le management des ressources est présenté comme un facteur potentiel d'échec s'il n'est pas pris en compte, et a contrario comme un élément clé de la réussite de l'entreprise.

Le coefficient d'exécution de l'entreprise est finalement la somme des coefficients d'exécution de l'ensemble de vos managers et de

---

1. *Economic value added* (indicateur de performance du management).
2. De W. Chan Kim et R. Auborgne, Village Mondial, 2005.

vos salariés! Chacun de ces coefficients est susceptible d'évoluer en fonction de la bonne ou de la mauvaise gestion de situations critiques, de conflits ou de challenge managérial.

Une situation mal gérée et votre coefficient se dégrade de manière – hélas – souvent durable.

Une situation bien gérée, et l'ensemble de l'entreprise fait un pas vers la réussite de son projet!

Alors, savoir identifier les situations de conflits et les gérer au moment où elles se présentent devient un savoir-faire majeur de toute entreprise qui fonde sa réussite sur la performance de son capital humain.

conception
réalisation
mise en page
pca
44405 Rezé cedex